算数のプロが教える教材づくりのコツ

筑波大学附属小学校
細水保宏
Hosomizu Yasuhiro

東洋館出版社

はじめに

先日、電車に乗っていると、車内に空き缶が転がっていました。こういうとき、なぜか自分のところに転がってきたりしませんか？　私は空き缶が足下に来ると、自分が飲み捨てた人のように誤解されそうなので、つい「こっちに転がってくるな」と思ってしまいます。

しかし、その日は違いました。私の対面に座っていた人が、転がる空き缶を足で止め、降車したときにゴミ箱に捨てていったのです。

私は自分が恥ずかしくなりました。空き缶が誰のものであっても、転がって皆が嫌な思いをするのであれば、きちんと拾うべきでした。

……という話を子どもたちに聞かせました。

すると、ある子が日記に「僕は電車に乗るといつも『空き缶よ、自分のところに転がってこい。転がってこい！』と祈っています」と書いてきました。

可愛いと思いませんか。

先生が言ったことは、確実に子どもたちに響きます。先生の価値観が伝わります。そして、それが先生の楽しさの一つです。


前著『算数のプロが教える授業づくりのコツ』では、私の普段行っている授業や教材を紹介しながら、私の授業観や教材観を述べました。

いい授業をして算数好きの子を増やすためには、次の三つのことが大切です。

・授業観をもつ
・学習指導力をつける
・教材研究力をつける

この三点に加えてもう一つ、「教師の人間性」も挙げられるかもしれません。人間性というと大げさですが、笑顔や身振り手振りといった、子どもに寄り添う態度です。

授業観をもつというのは、「こういう子に育てたい」「こういう授業をしたい」という自分なりの授業観をもつことです。そうすれば、子どもが自分の価値観に沿った動きをとったときに褒めてあげることができます。

「君は本当にいい。そうやってほしかったんだ」と子どもが動いたときに褒める。褒めることで価値づけできますし、逆にそうしないと子どもはどうしていいかわからず、右往左往してしまいます。

学習指導力は、子どもを的確にとらえて、適切な指導を行う力です。

これは、子どもとうまく付き合ううえで必要なテクニックをどれだけもっているかが大切になってきます。

例えば、子どもたちの注意をこちらに向けさせるには、彼らの「気」を感じることが必要です。

子どもたちの気を感じるためには、まずは一度自分の方へ気を集めてみるといい。方法は簡単です。子どもたちに話しかけるときに、両手を臍のあたりにもってきて、気が手の中に集まるようにゆらゆら動かすのです。

何だか、うさん臭いように思われますが、実際、子どもたちの気を集めようと思うと、自然に手が動くはず。まるで占い師が水晶に手をかざすように、集まってくる気の塊を手のひらで包み込みながら話します。

　そして、話を切り出すときに「実はね、ここだけの話なんだけど…」と切り出してみる。大事な話を打ち明けるように、声のトーンを落として話すとなおいい。すると、子どもたちは「何だ?」と思って耳を澄ませてくれます。

　こういったテクニックは、一朝一夕で身につくものではなく、日々の経験がものをいいます。ですから、若い先生方は、こういった「引き出し」を今のうちにたくさんつくっておくといいでしょう。


　教材研究力は、教材を解釈して、素材から教材をつくっていく力のことです。これを身につければ、教材の解釈が豊かになりますし、子どもの反応が予想できるようになります。また、結果的には、学習指導力を鍛えることにもつながります。

　特に、若い先生方にとっては、教材を研究することはとても大切です。学習指導力は、授業を通して研鑽を積むことが求められますが、教材研究力は、授業以外でも伸ばすことができます。

私がこれほどまでに教材研究を推奨するには、もう一つ理由があります。それは、今、日本の算数教育が指導法に注力しがちではないかと思うからです。確かに、学習指導力は大切ですが、指導に気をとられるあまり、算数本来の楽しさを伝え切れていないのではないでしょうか。

当然ですが、子どもたちが算数の楽しさに気付かなければ、自ら算数に取り組むようにはなりません。いくら先生の話術や笑顔で授業を楽しませても、本当の算数好きの子にはなりません。

だからこそ、私たち自身がまず算数を勉強し、楽しんでいくことが必要なのではないかと思うのです。

本書は、前著と同様に、日々の授業や教材を通して、教材のつくり方やアレンジの仕方、授業観や指導法などについて述べています。本書は、教材に焦点を当てていますが、同時に授業づくりの本でもあり、指導技術の本でもあると思っています。

子どもたちにもっと算数を好きになってもらいたい——。

その思いで実践してきた教材や授業観が、皆さんの授業力向上に少しでも役立てられれば幸いです。

算数のプロが教える教材づくりのコツ　目次

コツ3 問題提示で教材を引き立たせる …… 81

コツ4 研究授業で教材をつくる　115

コツ1

おもしろい教材で授業を盛り上げる

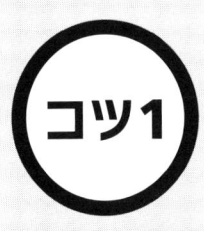

何はともあれ、おもしろい教材を！

4月。新しい学年の期待と不安で、ドキドキワクワクの子どもたち。

先生にとっても、最初の授業は緊張します。子どもたちと仲良く、楽しく学んでいきたい――。

授業開きでは、まずは子どもたちに、自分がおもしろそうな先生だと思わせることがコツです。「お、この先生はおもしろそうだ！」と思わせることができるかどうか。

「先生が目指しているクラスはね、リポビタン……」

「……D？」

「おお、いい反応だ。そうやって先生の先を読んでくれるクラスになってほしいんだよ。オロナミン……」

「C！」

ね、くだらないでしょう。

　でも、くだらない中にも先生の「価値観」が含まれていると、無駄にはなりません。このやり取りには、「子どもたちには、先生が考えていることの先を読み取ってほしい」という私の期待が込められています。

「子どもたちには、たくさんつぶやいてほしい」そして「先生の先を行く子になってほしい」。そういった私の願いが、さり気ない一言に込められています。

　自分がおもしろい先生だと思わせるには、やり取りだけでなく、できれば授業もおもしろくしたいところ。

　最初の授業は、おもしろい教材を扱う絶好の機会です。と同時に、勝負の機会でもあります。私は算数の専科ですので、子どもたちが1年間算数に積極的に取り組んでもらえるかどうかは、この授業が大きく左右します。もし、ここでおもしろい問題を披露すれば、子どもたちの算数への期待値が高まるでしょう。

　ですから、最初の授業では、とにかく先生がおもしろいと思っている問題をやるといい。そうすることで、子どもたちには先生の「顔」が伝わります。

　問題は単元に関係なくても構いません。できれば、単純で子どもが「お！」と思うような問題を出して授業を盛り上げるといいでしょう。

誰にでもできるおもしろ教材

若い先生に「授業開きにはおもしろい問題をやるといいよ」と言うと、「おもしろいと言われても、授業にすると難しいのでは…」と腰が引けてしまう方もいます。そこでまずは、誰にでもすぐにできる教材を紹介しましょう。

最初に、子どもを一人指名して、2~7までの中から好きな数を1つ選んでもらいます。

「7」

「7か。ラッキーセブンだね」

子どもの返事に応えながら、黒板に次の式を書きます。

37×21=?

計算した子に答えを聞きます。

「777」

「お、速い。君たちはかけ算のプロだね」

次に、また別の子を指名して、好きな数を聞きます。

「5」

「じゃあ、37×15は？」

「……555」

2問だけでは、反応はまだ少ないでしょう。ほとんどの子が、ただの計算練習だと思っています。でも、中には問題の意味に気付く子も現れます。

「あ！　わかった！」

「気付いた子がいるみたいだけど、絶対に言っちゃダメだぞ」

そう言って問題を出し続けます。

「好きな数は？」

「3！」

「では、先生がどんな式を書くかわかるかな？」

ここで誰かが発言してくれるのを待ちます。

「37×9！」

このあたりになると、頷く子が増えてきます。中には「あ！」と息を吸う子も。本当にわかったとき、人は息を吸います。気付いた子を見つけると、先生もワクワクしてきます。

「頷いている子が増えてきたね。聞いてみたいけど、まだ聞かない方がいいな」

答えを言いたそうにしている子には、「まだ気付いていない子もいるから」とノートにメモをとるように指示。あとでノートを見たときに評価できるように、子どもたちにはメモをする癖をつけさせます。

まだ気付かない子たちには、黒板を見るように促します。

「困ったら、黒板を見ること。先生はヒントを出しているから」

黒板には、37×9＝333、37×15＝555、37×21＝777…と式が整然と並んでいます。

37×　9＝333
37×15＝555

37×21＝777
・
・
・

皆さんはもうお気付きでしょう。

7を選ぶと、答えに7が3つ並び、5を選ぶと5が3つ、3を選ぶと3が3つ並びます。つまり、選んだ数が答えに3つ並ぶのです。

では、6を3つ並べるにはどうしたらいいでしょうか。

ここが問題の「ハテナ」となります。ハテナとは、子どもたちが「解きたいと思う問い」です。6を3つ並べるには、どうすればよいか？　子どもたちに「解かせたい問い」でもあります。

この問題の基本は、37×3＝111です。乗数である3に5をかければ、37×15で答えは555になるし、7をかければ777になります。最初に選ぶ数の中に1が入っていないのは、1を選ばれると仕組みがすぐにバレてしまうからです。

ハテナとなるところは、クラスの実態によって異なってきます。乗数が3の倍数になっていることに気付かせることでもいいし、単に計算問題に終始して数の並びの美しさを感じさせるだけでもいい。

教材としてはシンプルで、授業もやりやすい。先生は「2～9の中で好きな数は何？」と聞くだけです。冗談半分で進めながら、とにかく自分がおもしろい先生だというイメージをもたせれば、その後の授業づくりも楽になります。仮に、2時間目以降の授業がつまらなくても、しばらくはおもしろい先生で通用するかもしれません。

低学年で算数が嫌いになった新4年生がいても、「4年生からは楽しいぞ。だって、外でドッジボールやるんだもん」などと言って、算数への期待感を膨らませます。実際、その年は1アールの広さを実感させるために、陣地を10m×10mの半分に切ってドッジボールをやりました。子どもたちは「狭い！」なんて不満を口にしていましたが。

おもしろい教材を手に入れよう

いつも話していることですが、おもしろい教材は、最初の20分は必ずうまくいきます。先生は自分のクラス、子どもたちを背負っていますから、知らず知らず「これはうちのクラスには難しそうだ」とか「おもしろい！　子どもは喜ぶはずだ」という眼で見ています。先生の眼で見て問題がおもしろければ、子どもたちもおもしろがって前のめりで取り組んでくれます。

しかし、授業がうまくいくのは20分。あとの時間は大変です。なぜなら、子どもたちの多様な考えを先生がまとめていかなくてはいけないからです。自分が予想していた授業展開と、全く違う方向に進んでしまうこともしばしば起こります。ですから、おもしろい教材には、それなりに研究する時間を費やさなければいけません。

一方、教科書通りに授業を進めると、ほぼ70点の授業ができます。教科書は、多様な考えがあまり出ないように、教えやすくつくられています。特に算数は、問題解決型学習が導入されて以降、算数を専門に取り組んでいない先生でも滞りなく教えられます。しかし、「型」というのは使い方次第によって、どうにでも変わってしまいます。ただ型に填めるだけでは、授業がつまらなくなってしまいます。

私はうまくまとめられなくても、つまらない授業よりはおもしろい授業を心掛けた方がいいというのが持論です。

では、おもしろい教材はどうやって手に入れればいいのでしょうか。

私の場合は、まず本から素材を入手しています。あとは、先輩や同僚から聞いたり、子どものノートや発言をヒントにすることもあります。

また、教科書をアレンジすることも多いです。教科書通りの授業はつまらなくなるおそれがありますが、それは教科書に掲載されている問題がつまらないからではありません。使い方次第では、クラスが大いに盛り上がる問題もたくさんあります。

オリジナルの問題をつくるのは難しいかもしれませんが、既にある問題をクラスの実態に応じてアレンジするだけでも教材の質は変わってきます。先生の力に応じて、教材に「おもしろさ」というふりかけをかけていく。これが教材研究の醍醐味であり、おもしろい教材をつくるコツなのではないでしょうか。

素材から教材にする

本書では、私がこれまで授業で用いてきた教材を紹介しています。しかし、これらは私にとっては教材ですが、皆さんにとってはまだ素材です。

教材というのは、自分のクラスに合わせてつくりかえたものです。そして、そのための材料、子どもと学ぶきっかけが素材です。皆さんが「おもしろい」と思った素材を、「担任の見る眼」を通してつくりかえたときにはじめて教材になります。

ですから、もし「おもしろい」と思った素材があれば、ぜひ自分のクラスに合わせた教材につくりかえてみてください。

さて、今から紹介するのは、6年生向けの教材です。はじめは素材だったものを、どうすれば自分のクラスで使えるかなと考えて教材化しました。

黒板には、「H」「O」「S」「O」「M」「I」と書かれた紙を1枚ずつ貼ります。

ちなみに、ＨＯＳＯＭＩ（ホソミ）は、クラスでの私の愛称。

続けて、貼られた紙の下に「井」と格子のような図をかきます。

子どもはすかさず「マルバツだ！」と、彼らがよくやるマルバツゲームを連想しました。

確かに、似ていますが、やることは違います。私は、格子の真ん中の枠に「Ｈ」を書き入れました。

「これからＨＯＳＯＭＩの文字を１つずつ入れ、鏡を置いたときに映った文字を『井』のそれぞれの枠に書いていくよ」

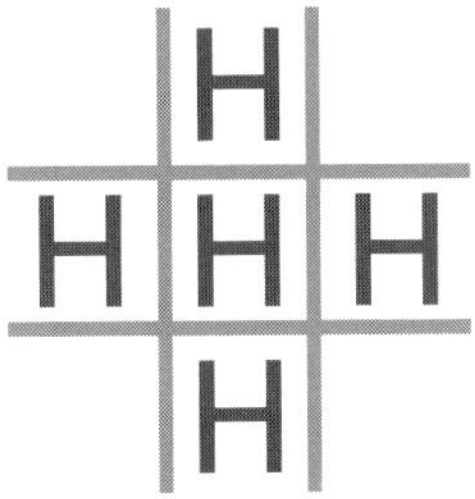

いったい何を言っているのか、皆さんおわかりでしょうか。

実際、子どもたちの中にも小首を傾げている子がちらほら。

そこで、私の説明をいち早く理解した子を前に呼んで、実演してもらうことにしました。

具体的には、中央に書かれたＨをそのまわりの線を軸に鏡を置いたと仮定して、鏡に映るはずであろう文字を左右上下の枠に書いてもらいます。

「Ｈ」の場合は、左右上下すべて「Ｈ」になります。

一度、実演してみせると、子どもたちは問題の意味を大体理解してくれました。

「みんな、わかったかな？」

「はい！　次は『O』ですね」

「いいねえ。先生の気持ちをわかっているね」

子どもたちは、ノートに答えを書き始めました。「O」も答えは同じ。すべての枠に「O」が入ります。

問題は次です。

「さあ、今度は『S』だ。これもみんな同じだね」

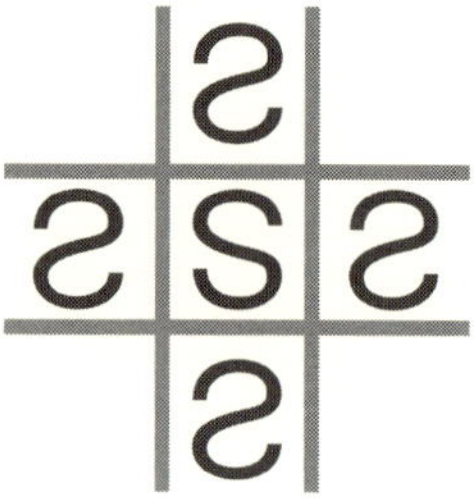

　そう言って、私はすべての枠に『S』と書き込む仕草を見せます。すると、「違うよ！」と子どもの声。

「え？」と私。

「じゃあ、どうなるの？」

　ある子が言いました。

「鏡に映すと、『S』の最初の点が反対側になります」

「S」は、一見すると同じ文字になるように見えますが、違います。縦線を軸に左右の向きが、反対になります。その子は、「S」を書く始点が右ではなく、左になると指摘しているわけです。子どもたちは、「S」がほかと同じにならない根拠を、自分の言葉で説明しようとします。

この授業は「線対称」の勉強ですが、私はそのことについてはまだ一言も触れていません。しかし、授業の展開は私の「ねらい」に近づいています。私は子どもたちから出てきた芽を育てていけばいいだけです。

「S」は、真ん中以外の枠にはすべて反対の文字が入ります。そして、次に問題になるのが「M」。これは、左右の枠には同じ形が入りますが、上下には横線を軸に上下が反対の形になります。

ここまで来ると、問題はいくつかのパターンに分けられることがわかってきます。一つ目は、すべての枠に真ん中と同じ形が入る。二つ目は、真ん中以外の枠には真ん中と違う形が入る。三つ目は、上下の枠だけ真ん中と違う形が入る……。

ＨＯＳＯＭＩの問題を解き終えた子どもたちは、まだ消化不良の様子。そう、今度は、自分の名前で試したくなっているのです。

私が「自分の名前でやってごらん」と言うと、皆一斉にノートに書き始めました。

「『N』はどう書くんだろう？」

「『A』は上下が違うパターンだ！」

すべて同じ形、すべて違う形、左右が同じ形…と、彼らは知らず知らずに線対称の秘密を解き明かしていました。

アルファベットを終えると、平仮名に挑戦している子もいました。私は「どんどんやってみるといいよ」と促してあげます。ただ、平仮名での線対称は難しい。「い」などは、うまくやれば書けますが、「あ」や「み」などは書けません。

それでも、子どもたちは果敢にチャレンジしていましたし、授業の展開もますますおもしろくなりました。

私はこの教材をある本で見つけました。本を読んだときに、アイデアはそのままで、自分のクラスの文化に合わせるとどうなるだろうかと考え、素材から教材へとつくりかえました。「担任の眼」を通していろいろ見ていると、教材化したい素材がたくさん見つかるはずです。

問題から子どもの論理を引き出す

「お」

おもむろに黒板に書いた文字。振り返って子どもたちを見回すと、皆「?」の顔。

続けて、私は「も」と書く。

「あ、『おもしろい』だ!」

「いいぞ、『おもしろい言…』」

「おもしろい言葉!」

「さすがだね。これが国語の授業だったら満点! でも、『おもしろい計…』」

「あ、『計算』か!」

「正解!」

いつものように子どもたちとのやり取りを経て、板書されたのは「おもしろい計算」。

私はその下に次のような問題を書きました。

$$
\begin{array}{r}
ABCD \\
\times \quad 9 \\
\hline
DCBA
\end{array}
$$

いわゆる回式です。国語では「しんぶんし」や「トマト」など、上から読んでも下から読んでも同じという回文が有名ですが、これは算数バージョン。ABCD×9＝DCBAと、左から読んでも右から読んでも数字の並び方が同じ式になります。

「ABCDに、0〜9の数を入れましょう。ただし、同じ記号には同じ数が入ります。使える数は1回だけです」

子どもたちは、眉間に皺を寄せて考え込みます。ABCDに9をかけると、DCBAになる。ただ、闇雲に数を入れるだけでは、答えを導き出すのは難しそうです。

「じゃあ、早速答えを言おうかな…」と私が冗談を言うと、クラスはブーイングの嵐。

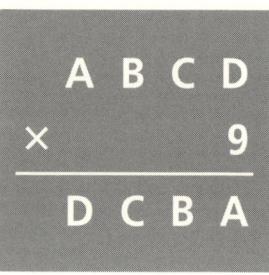

「ちょっと待って！」

「ヒントをちょうだい！」

子どもたちは、やる気満々です。当然ですが、授業で先生から答えを言うことはありません。先生が答えを口にした途端、子どもたちから考える力が消えてしまいます。しかし、一人で考えるには難しい場合もあります。そこで必要となるのが、ヒント。

既に問題を解き始めた子に、手掛かりとなるヒントを言ってもらうのです。

「わかった子は、ほかの子たちのためにヒントを言ってあげよう」

答えを言わないように気をつけながら、ある子が言います。

「Aを最初に解くといいです」

いいヒントですね。彼は最初に解くところを教えてくれました。

「なるほど、Aから解くんだな。Aの数がわかった人は手を挙げてごらん。う～ん、まだ少ないね。もうちょっと待ってみようか。適当に数字を入れてみるのもいいかもしれないね」

事前に教材研究をしていると、先生はつい、いろいろなことを言いたくなります。しかし、ここはぐっと我慢。授業づくりのポイント1は、一番言いたいことは子どもから出させることです。なんとかして、子どもを主役にさせなくてはいけません。

Aに入る数を見つけた子が増えた頃を見計らって、もう一度尋ねます。

「Aがいくつになるか、わかった人？」

「はい！」

「いくつ？」

「1です」

「本当に？」

「本当です。だって…」

授業づくりのポイント2は、子どもの答えに先生は疑問符をつけること。

「え？」や「本当？」と言うと、子どもははじめ困惑します。正しいのに、「え？」と言われると本当に正しいのかと思ってしまう。これは、大人でもそうでしょう。

しかし、答えに自信のある子はその後、必ず「だって」とか「なぜなら」と言います。

そして、この後に続くのは、「論理」です。先生は、子どもからいかに論理を引き出すかが勝負になってきます。

筋道を立てて考えさせれば算数の魅力は増す

どうして、Aに当てはまるのが1なのか。ある子が説明しました。

「Aが1よりも大きい数になると、9×Aが、1桁でおさまらなくなるからです」

$$\begin{array}{r} 1\,B\,C\,D \\ \times \quad\quad 9 \\ \hline D\,C\,B\,1 \end{array}$$

どうですか。彼の言わんとしていることはなんとなくわかりますよね。でも、先生はここで子どもたち全員が納得したと思ってはいけません。先生が一人で説明しても、全員を納得させるのは難しいのですから、子どもの言葉であれば尚更です。

私は、頷いていた別の子に問います。

「今の説明、わかった？　じゃあ、同じ言葉でもいいから言ってごらん」

その子は微妙に言葉を変えながら、同じようなことを言いました。しかし、それでわかる子もいます。同じことでも、子どもの言葉が2種類出てくれば、わかる子は増えます。

彼らの説明に多くの子が頷きます。それでも、わかっているのはクラスの8割。残りの2割は、まだモヤモヤしています。そこで、先生が子どもたちの説明をフォローしてあげます。

「今、彼はすごいことを言ったんだよ。もし、Aに2を入れてみると、2×9＝18で、答えのABCDが4桁ではなく、5桁になってしまう。これじゃ、ダメだよね。じゃあ、3の場合だったら？　3×9＝27　ダメだ。でも、1だったら？　1×9＝9　ちゃんと4桁でおさまるね」

納得した子どもたちを見て、私は続けます。

「これでABCDの1つがわかった。四分の一がわかったね。テストだったら25点がもらえるぞ！」

私の大げさな言い回しに乗せられて、何人かが挙手します。

「Aがわかれば、Dもわかるよ」

「え？　本当？」

「Dは、9だ！」

Aが1ということは、1×9＝9でDは9です。

「おお！　半分できたね。50点だ。次はどこがわかるかな？」

「Bです！」

「じゃあ、誰か、Bのところを説明できる子はいるかな？」

「はい。Bは、0です。理由は、9にBをかけて繰り上がりが1つでもあると、Aが2桁になってしまいます。繰り上がりのない9のかけ算は、0か1しかありません。でも、1はもう使っているので、0を入れました」

これでABCDのうち、3つがわかりました。残りは、Cです。

「いくつになるかな？」

「8！」

「本当？　何でわかったの？」

「一の位が9で、9×9＝81で、8が繰り上がりました。Bが0なので、8とたして0にならないといけないと思いました。だから、なんとか2をつくらないといけません。9の段で一の位が2なのは8×9＝72なので、答えは8です」

「お見事！　みんな、よくわかったね！」

ＡＢＣＤをすべて当てはめると、次のようになります。

$$\begin{array}{r} 1089 \\ \times \quad 9 \\ \hline 9801 \end{array}$$

Aがわかると、次がわかります。次がわかると、その次がわかります。そうやって解いていくと、答えがわかる。これは、算数の楽しさの一つです。筋道立てて考えることで、答えがわかるのが算数の魅力。たまにはこういった問題もいいのではないでしょうか。

問題を活用してもっとおもしろく！

おもしろい教材を扱ううえで、大切なことの一つは問題提示の仕方です。どうやって問題を提示するか。

いくら問題がおもしろくても、子どもが問題を解く気になっていなければ、その効果は半減してしまいます。算数の授業中にコップ一杯のお水を差し出して「飲んでいいよ」と言うのと、体育の授業の後で言うのとでは、子どもたちの反応は違うでしょう？

教材も同じ。子どもがどういう状態ならば、この問題を解く気になるか、考えたくなる場をつくってあげなくてはいけません。

問題提示を工夫すると、おもしろい教材はさらに輝きを増します。ですから、問題と問題提示は、ペアで考えていくといいでしょう。そして、それができるのは、常にクラスの子どもたちを見ている「担任の眼」ではないでしょうか。

さて、先の「おもしろい計算」では、首尾よく子どもたちがＡＢＣＤに該当する数を見つけたのですが、私はこれで終わりにするのはもったいないな、と思っていました。

そこで私は、この問題で用いたアイデアを活用させることにしました。

「ところで先生はね、この前、この問題を解いている夢を見たんだ。夢では、9をかけるのではなく、4をかけていた。それで、夢の中で計算していたら、なんと解けたんだよ。どう？　本当に解けると思う？」

問題は、乗数を9から4に変えただけです。最初の問題をちょっと広げてみたわけです。

$$\begin{array}{r} A\ B\ C\ D \\ \times \quad\quad\ 4 \\ \hline D\ C\ B\ A \end{array}$$

まずは、どこから解いていけばいいでしょうか。先ほどの解法を用いれば、自ずとわかります。

「Aから解けばいい！」

子どもたちは、すぐに問題に取りかかり始めました。

先ほどの問題を考えると、Aには1が入る可能性があります。では、ほかの数はどうでしょうか。2は、2×4＝8なので候補の一つです。3は？　3×4＝12で答えが2桁になる。ということは、Aには1か2が入ります。

仮に、Aに1を入れてみましょう。すると、答えの一の位が1になります。しかし、4は偶数ですから、何をかけても答えが奇数になることはありません。消去法で考えると、Aには2が入ることがわかります。

次に、取りかかるのはDです。2×4＝8で、8が入ります。ここでは、A×4が4000以上になることを確認しておきます。というのは、答えの一の位を2にするには、「3×4＝12」と「8×4＝32」と、二つの候補が挙げられるからです。Dが3になるのではと思う子どももいるでしょうから、その可能性がないことをおさえておきます。

次は、Bです。千の位が8になっていることを考えると、B×4の答えが2桁になってはいけません。つまり、Bの候補は、0、1、2のどれか。2は既に使っていて、0もダメなので、Bには1が入ることがわかります。

最後に残ったのは、Cです。答えのBが、8×4＝32から、繰り上がりの3をたして1になっているから、C×4の答えの一の位は8でなくてはいけません。計算していくと、「2×4＝8」と「7×4＝28」の二つ。2は既に使っているので、Cには7が入ります。

$$\begin{array}{r} 2178 \\ \times \quad\quad 4 \\ \hline 8712 \end{array}$$

一つの問題から新たな問題へと広げてあげると、子どもたちの中に「問題を広げる」価値観が伝わります。

先生が何も言わなくても、自分から問題を変えてチャレンジする子が現れるのです。その子を褒めてあげれば、「問題を広げる」子どもたちは増えていきます。先生が伝える価値観が子どもたちの中で大きく広がっていくのです。

おもしろいから子どもの発想も際立つ

ところでこの問題、乗数が4、9とどちらも平方数になっています。

私は「平方数を使えば、ほかにも回式ができるのではないか？」と思い、いくつか試してみました。結果は、どれもダメ。それでも、私は授業を終える前に、そのことを子どもたちに話しました。

「先生ね、二つの式に共通なきまりがあるのを見つけたとき、すごく嬉しかったんだ。でも、4×4や9×9で試してもダメだった」

すると、ノートにひたすら何かを書き続けていた子が、突然顔を上げました。

「先生、おもしろいことに気付いたよ」

「何だい？」

「この問題は、左から読んでも右から読んでも同じですよね。だったら、かける数を$\frac{7}{3}$にすればいい！」

この子の言っていることが、わかりますか？

実は、彼が目をつけたのは、乗数ではなく被乗数。よく見ると、2番目の問題である2178は、1089の2倍になっています。

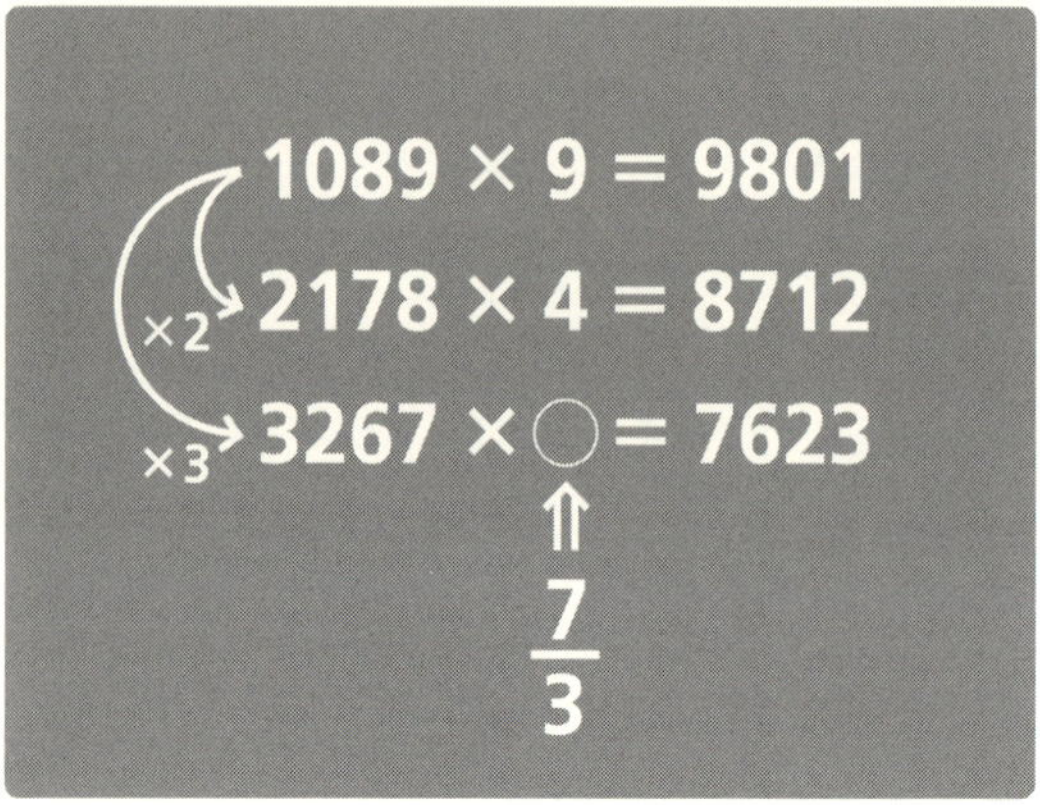

彼はそのことに気がついて、1089の3倍でできないかと考えたのです。

どうですか。確かに、回式です。

彼は被乗数に着目して、ひたすら計算して乗数を探していました。

彼の発言をきっかけに、新たな展開が訪れました。

乗数を分数にすれば、まだ回式がつくれることがわかった子どもたちが、おもむろに計算し始めます。

「次は、$\frac{3}{2}$だ！」

「その次は1」

私は彼らが読み上げる式を、順番に板書していき

$$1089 \times 9 = 9801$$

$$2178 \times 4 = 8712$$

$$3267 \times \frac{7}{3} = 7623$$

$$4356 \times \frac{3}{2} = 6534$$

$$5445 \times 1 = 5445$$

ます。

板書を終えて、みんなで黒板を眺めます。

「おもしろい。それに、綺麗だね」

私はそう言って、授業を締めようとしたそのとき、ある子が言いました。

「先生、かける数のところが綺麗じゃない…。7と3はたして10、3と2は6と4にするとたして10だから、ほかのところもたして10にすればいい」

彼が指摘しているのは、分数になっている乗数のこと。つまり、分子と分母をたすと、すべて10になっているので、ほかの整数も同じようにすればいいと言っているのです。

$\frac{3}{2}$は、$\frac{6}{4}$に変えられます。そして、9は$\frac{9}{1}$、4は$\frac{8}{2}$、1は$\frac{5}{5}$…。

$$1089 \times \frac{9}{1} = 9801$$

$$2178 \times \frac{8}{2} = 8712$$

$$3267 \times \frac{7}{3} = 7623$$

$$4356 \times \frac{6}{4} = 6534$$

$$5445 \times \frac{5}{5} = 5445$$

「なるほど！　すごい」

事前に教材研究していた私も、正直ここまでは考えていませんでした。子どもたちの豊かな発想は、あっという間に私を超えてしまいました。

もちろん、こんなことを知っていても、実社会では何の役にも立ちません。しかし、子どもたちには、考える楽しさを味わわせることができます。よく「分数の計算なんて、世の中では何の役にも立たないだろう」と言われますが、そうではなく、分数の計算を学習する意味は確かにあるのです。

「今まで学習してきたことを結集させて駆使すれば、分数の計算も解ける」ということを、筋道立てて説明できることが大切なのではないでしょうか。

子どもたちの考える力を育てて「なるほど！」という場面をつくってあげれば、算数本来のおもしろさをもっと味わわせてあげることができると私は思っています。

私はこの授業で、おもしろい教材をつくるには、子どものアイデアが役に立つことを改めて学びました。

授業では、子どもの意見は数多く出てきます。先生が忙しいときや、授業の展開ばかりに気を使っているときには、つい見落としてしまう意見もたくさんあります。また、発言したがっている子どもを指名したら、考えが広がりすぎて授業が散漫になるおそれも出て、つい躊躇してしまうこともあります。

それでも、子どもたちをできるだけ授業に引きつけて、発言を促して取り上げてみる。時には引いた視点で子どもたちの反応をうかがったり、ノートを覗いてみる。そうすると、今までに気付かなかったおもしろいことが、もっとたくさん見つかるはずです。

教科書の定番問題をアレンジ

教材をつくるのにもっとも手っ取り早いのは、前述した教科書をアレンジすることです。教科書には、よい問題がたくさんあります。しかし、できる子とできない子が同じ集団にいたら、問題を変えざるを得ません。

塾へ通っている子は、教科書の問題を既に解いたことがあれば見向きもしませんし、算数が苦手な子は、問題が解けないと思えばすぐに諦めてしまいます。そうなると、授業も盛り上がりません。

ですから、どうすれば子どもたちが問題に食いついてくれるのか、自分なりにアレンジするのです。

例えば、4年生の「変わり方」などで定番になっている、マッチ棒の数を求める問題。「マッチ棒で正方形を5個つくるとき、マッチ棒は何本必要ですか?」という問題は教科書にもよく載っていますが、これを自分のクラスの実態に合わせてアレンジしてみます。

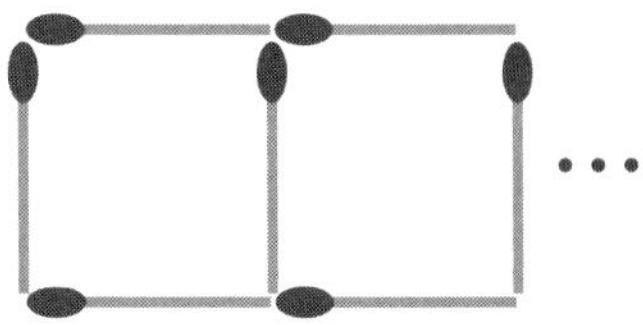

「図から式を考えさせるのはどうかな?」とか「教科書には正方形と書かれているけど、正三角形にするとどうかな?」「5個を10個にすると…」「マッチ棒が100本あれば、何個の正方形ができるかな…」と考えていくと、1題が何題にも広がっていきます。
実際に、先生が授業をシミュレーションしながら考えてもいいでしょう。
仮に、普通に問題を解けば、正方形が5個のときは、マッチ棒は16本必要になります。式にすると、4+3×4=16です。
授業であれば、ここで「本当?」と聞き返します。すると、子どもから「最初は4本で、

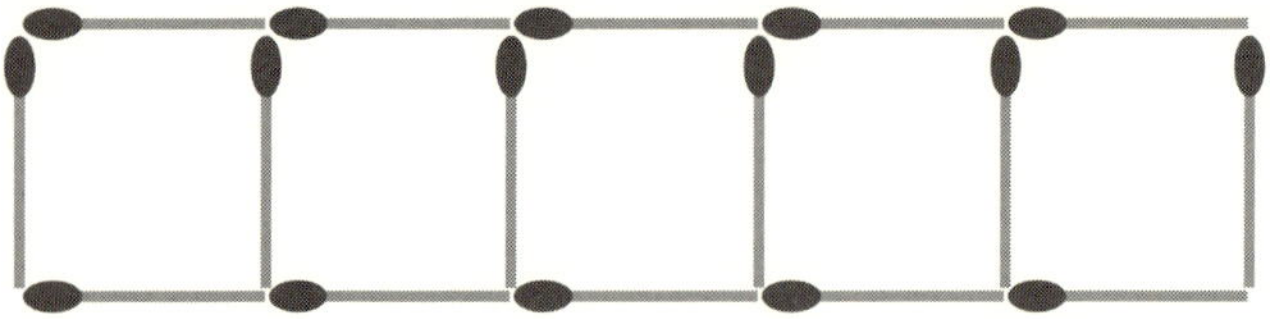

あとはコの形で3本が4つ」といった論理を引き出せるはずです。
あるいは、1＋3×5＝16という式も出てくるかもしれません。論理としては、「最初は1本で、あとはコの形で3本が5つ」となるでしょう。

逆に、先に図を見せ、答えを確認したらどうなるでしょうか。

今度はどのように解決したのか、図を使って説明する活動が中心となります。こちらは式を読むことになります。あるいは、式だけを最初に見せ、図で説明させるのもいいでしょう。

$4+3\times4$

$1+3\times5$

$4\times5-4$

最後の式の「－4」は重なった辺をひくことを意味しています。

こういったことを子どもたちから引き出したいところです。

次に、正方形と来たら今度は正三角形に挑戦してもいいでしょう。

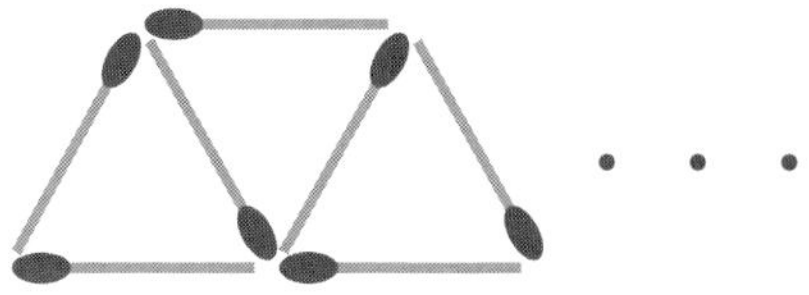

3＋2×4
1＋2×5
3×5－4

正方形バージョンを学習した子どもたちにとっては、ちょっと簡単かもしれません。では、正方形、正三角形と来たら、次は正五角形…でもいいですが、立方体に挑戦してみるのもいいかもしれません。

平面から立体になるので、難しくなると思われるかもしれませんが、子どもたちは意外と簡単に解いていきます。考え方は、正方形、正三角形と同じ。最初の立方体の辺12本と、

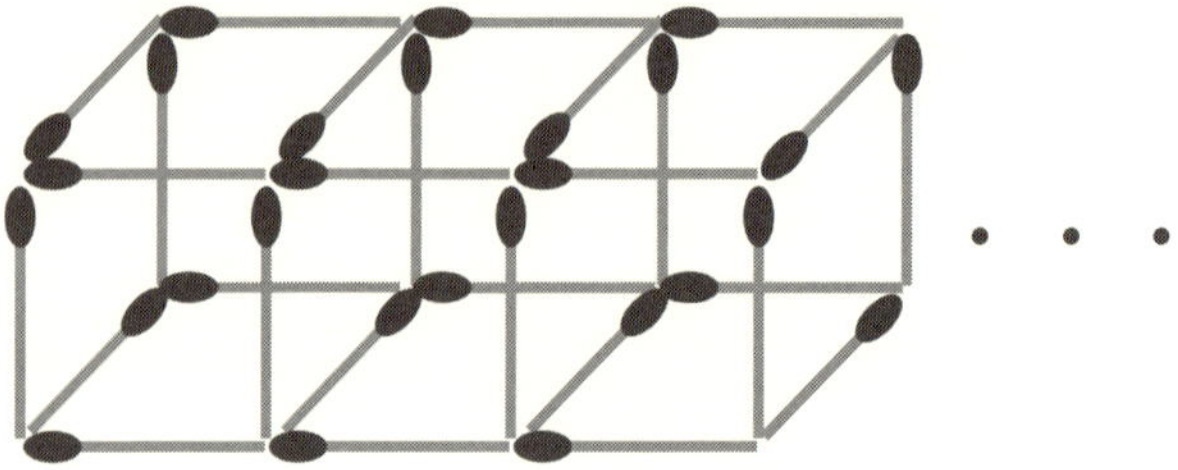

そこから重なる辺をひいた数8に個数をかけるだけです。

$12+8\times4$

$4+8\times5$

$12\times5-4\times4$

あるいは、最初に辺を4本だけ数えて計算する形（4＋8×5）や、すべての立方体の辺を求めてから重なり部分をひく形（12×5－4×4）も使えます。

先生は問題のどこを膨らませて、子どもたちをおもしろがらせるかを考えます。「多分、この考えは出ないだろうな。だったら、ここを広げてみよう」「この式が出たら、おもしろいな。そのためには、問題文を変えよう」などと、考えていくと教材研究も楽しいものです。

子どもたちが多様な見方をもつようになれば、授業はもっとおもしろくなります。その中で、先生は子どもたちに身につけさせたいことを、はっきりさせておくといいでしょう。

授業づくりメモ

◎最初の授業はとにかくおもしろい教材で先生の「顔」を見せる
◎子どもが解きたいと思う「問い」をつくる
◎授業がうまくいかなくても、おもしろい教材を使うべき
◎教材は、本、先輩の話、教科書、子どものノートなどから手に入れる
◎教科書をアレンジすればおもしろい教材になる
◎おもしろい素材が担任の眼を通して、はじめて教材になる
◎「ホント?」と尋ねて子どもから「だって…」を引き出す
◎教材研究は、子どもの顔を思い浮かべ、発言を予想しながら行う

コツ2

メモをとる習慣をつける

先輩からのアドバイスをメモ！

若い頃、先輩から言われてとても印象に残っていることがあります。

私は公立の小学校で15年間勤めた後、筑波大学附属小学校（以下、筑波小）へと移りました。筑波小の算数部では、毎年夏に高知県で全員が参加する研究会があります。そこでは、教師が一人ずつ授業を行って、その授業を皆で協議します。

筑波小に移った年の夏、私も同僚の前で授業をしました。私としては、公立で培った経験を生かして、子ども一人ひとりを気にかけながら丁寧に授業をしたつもりでした。

授業後、ある先輩が言いました。

「お前は、戦場を鎧甲を二重に着て走り回っている」

どういう意味か、わかりますか？

先輩は、私の授業が重すぎると指摘したのです。授業中、私はつまずいている子を見つけてはヒントカードや図などを配っていました。しかし、カードを配って丁寧に指導している間に、既に問題が解けた子どもたちは遊んでいたのです。

木を見て森を見ず。先輩は、私が子ども一人ずつを見過ぎて、クラス全体が見えなくなって授業が重々しくなっていると言ったのでした。

それにしても、「鎧甲を二重」とは、言い得て妙だとは思いませんか。先輩から言われた瞬間、私は「うまい！」と思ってメモしたことを今も覚えています。

これが筑波小に移って一年目の授業でした。

翌年、再び高知での研究会が行われました。私はリベンジに燃えていました。一年目の反省を踏まえ、かつ筑波小で過ごした経験をもとに、今度は大胆な授業で臨みました。言い方は悪いですが、筑波流口八丁手八丁の授業です。

授業後、先輩が言いました。

「お前は、戦場を真っ裸で走り回っている」

今度は、私の授業が無防備すぎだというわけです。うまい表現ですよね。これも思わずメモしてしまいました。

それから6年がたったある日、私の授業を見ていた先輩が「お前は『素晴らしい』を6

回言った」と指摘してきました。

先輩は何かを意図して言ったわけではないらしいのですが、私からすれば「これは何かある」と思ってしまいます。そこで、よく考えてみると、私が授業で発した「素晴らしい」は、実は褒め言葉ではなかったことに気がつきました。

褒め言葉とは何かというと、「先生の価値観を伝えること」だと私は考えています。「ノートが綺麗だね」とか「たくさん発言しているね」など、先生が子どもに「こう育ってほしい」という価値観を伝えるための言葉。それが、褒め言葉になるのではないでしょうか。

そう考えると、そのときに私が使った「素晴らしい」は、必ずしも子どもに価値観を伝える場面や内容ではなかったように思います。ただ褒めるのではなく、もっと具体的に褒めなければ、その子にも周囲の子にも価値観が伝わらないということを学びました。

先輩からの言葉は、ときに辛辣で耳に痛いかもしれませんが、教師として成長するためには大変ありがたいことです。

言われているうちが花。若い方は、どんどん先輩に相談していろいろ言われるといいと思います。

おもしろいことはとにかくメモ！

私は、先輩や同僚から言われた一言や子どもの発言など、おもしろそうだと思ったら、できるだけメモをとって心の引き出しにしまっておくようにしています。

引き出しは、今すぐには使えないかもしれませんが、長い教師生活を考えれば、いつか必ず使えるときが来ます。

実は、教材づくりには、この引き出しがどれだけあるかがカギになってきます。教科書や本、研究会、先輩や同僚、そして子どもたち。自分がおもしろいと思ったことをメモしておくと、ひょんなところで生かすことができます。

「おもしろい」と思ったりアイデアが閃いたりしても、放っておくと人はすぐに忘れてしまいます。そうならないためにも、メモをとる習慣をつけておくといいでしょう。

メモの方法は人それぞれでしょうが、私の場合は三つあります。一つ目は素材収集用のノートをつくること。日々、気になったことなどを書いています。いわば、ネタ帳ですね。

3. まずは計算させて答えを出させる

↑ 公式の活用の場

4. 同じであることを確認する

いちいち計算しなくてもわかる！ なぜ？

式を読ませる

A $30\times30\times3.14$

B $15\times15\times3.14\times(2\times2)$

C $10\times10\times3.14\times(3\times3)$

評価

本時の活用

5. 先を読ませる

$7.5\times7.5\times3.14\times(4\times4)$

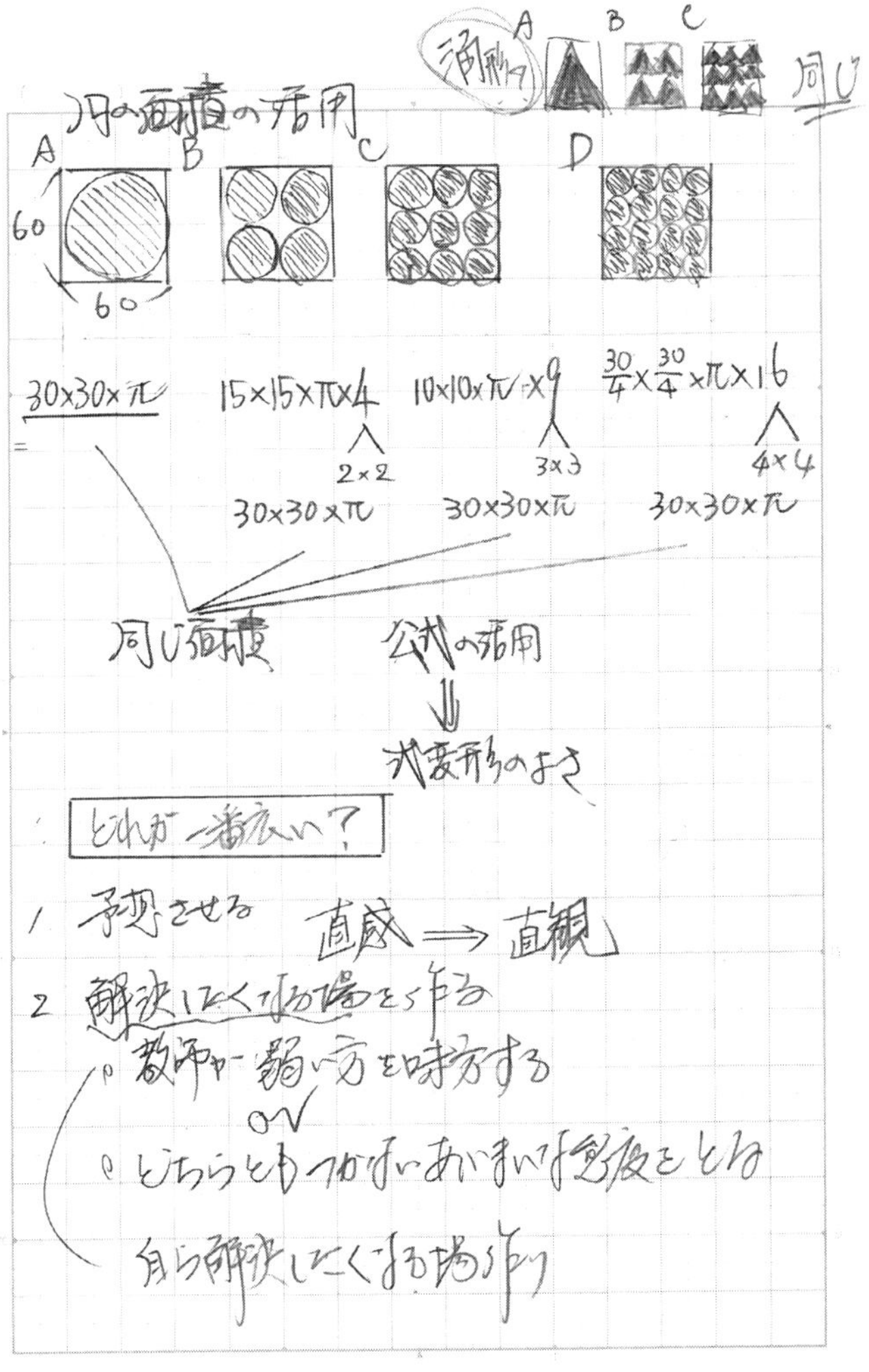

素材収集用ノート。日々気になることなどをメモする。
上は円の面積を求める問題をどうやって教材化するかについて。

二つ目は、授業の最後に板書の写真を撮ること。デジタルカメラで板書をパチリと撮ってメモ代わりに残しておけば、あとで振り返る際にとても役に立ちます。最近は、携帯電話のカメラ機能を生かしている方もいることでしょう。写真は、いつも2枚撮影するようにしています。1枚目は普通に板書だけを撮り、2枚目は板書と一緒に子どもたちも撮ります。「みんな、入っていいよ」と言って、板書の下に子どもたちの笑顔が入るわけです。

1枚目の写真は、私の研究用として保存しておきます。この写真を見て、新たな教材を開発したり、指導法の改善を図ったり、原稿を書いたりします。「この日の授業は楽しかった」とか「失敗した」と思うと、いろいろなアイデアが湧いてきます。

2枚目の写真は、保護者会のときのために保存しておきます。保護者会に合わせて、撮りためた写真を、教室中に貼っておくのです。子どもたちの笑顔が並んだ写真を見れば、保護者も喜びます。しかも、背景には算数の板書。怒る方はまずいません。

三つ目は、子どもに授業の感想を自分のノートに書かせること。子どもから教材を手に入れようと思ったら、子どもが今思っていることを書いてもらうといいでしょう。何十人もの子どもたちの感想を読めば、そこから一つくらいはアイデアをもらえるはずです。参考にできる部分をコピーしてノートに貼り残しておくようにしています。

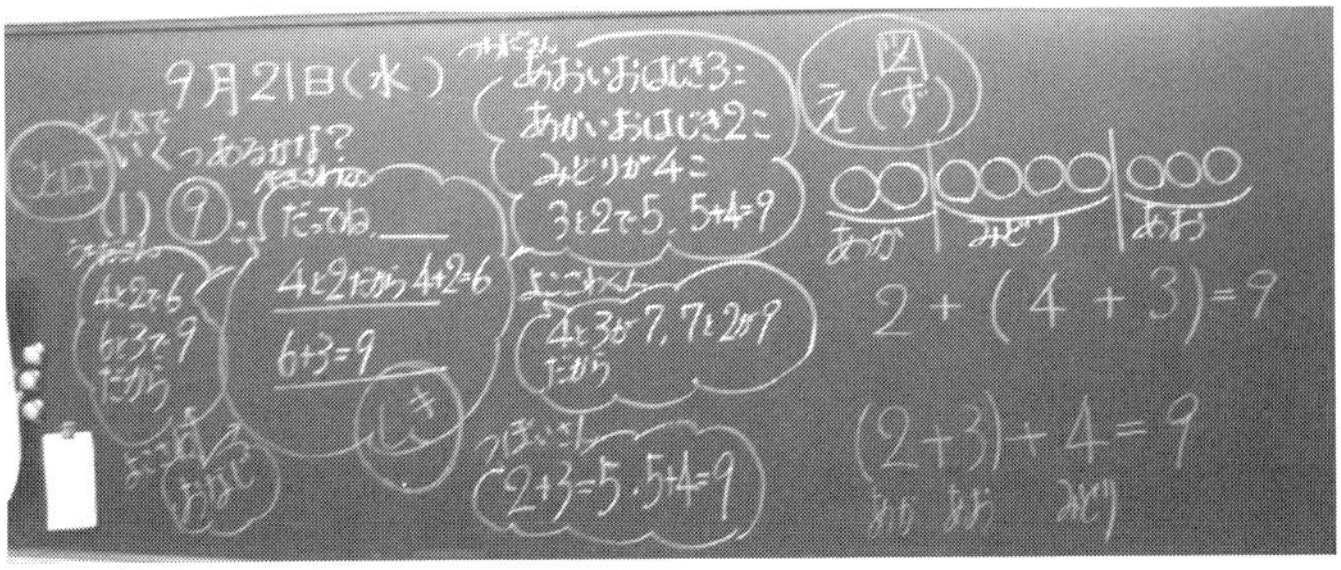

板書の写真。上は、研究用として板書のみを撮影。
下は、保護者会用として子どもたちと一緒に撮影。

ノート指導のコツ

子どもたちのノートには、教材の「タネ」がたくさん隠されています。そこで、私が行っているノート指導についても少し触れておきます。

私は、学年の最初の授業に子どもたちにノートを配り、その書き方を指導しています。ノートを配布するのは、保護者から「どんなノートを使ったらいいですか?」という問い合わせがあるためで、最初だけ私の方で用意しています。

ノートを手にした子どもたちには、まず表紙にタイトルと名前を書くように言います。私の学級目標は「さわやか」なので、タイトルは「さわやかmath No.1」。タイトルは私が全員に書いて配るようにしています。

「いいかい。これは、このクラスだけにしか存在しないノートだよ」

ノートを大切にするという価値観を伝え、子どもたちには「自分のノート」という感覚をもたせます。そうすると、子どもたちはノートを大切に扱ってくれます。

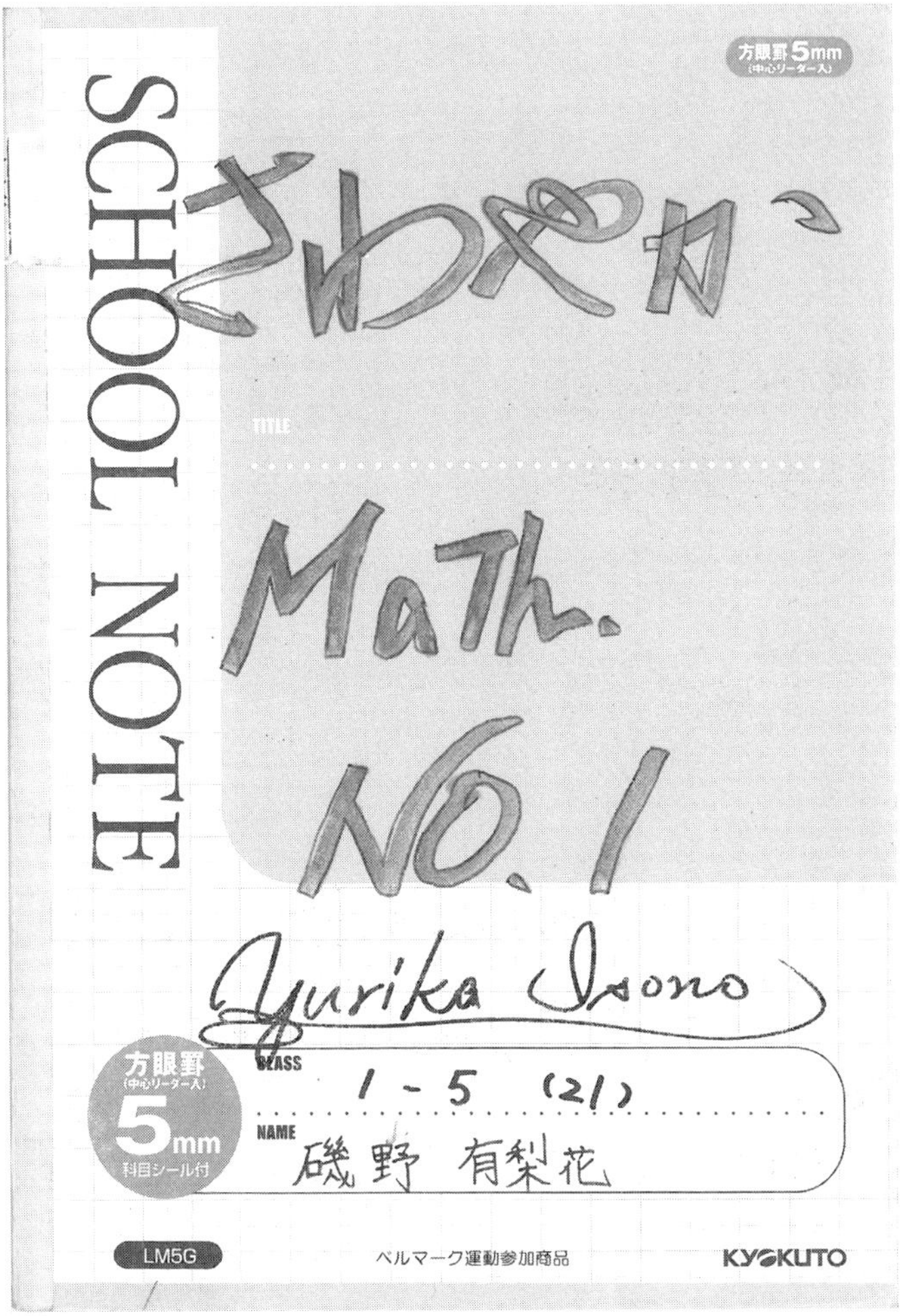

子どものノート。表紙のタイトルは先生が書いてあげる。

続けて、表紙を捲って、ノートの書き方について指導します。いきなりすべてを教え込むわけにもいきませんので、過去に教えた子どものノートを持ってきて見せてあげます。私のクラスの場合、算数を1年間勉強するとノートは6、7冊、多い人は10冊以上になります。それらを合本してもっていくと、その厚みにクラスは「おお!」とどよめきます。私は算数の専科なので、担任のクラス以外に3クラスを受け持っています。1クラス40人ですから、全部で160人。名前を覚えるだけでも大変です。

そこで、子どもの名前や性格を把握するために、ノートの1ページ目には子どもの顔写真を貼らせ、写真の下に自己紹介を書いてもらいます。名前、生年月日、趣味など。

2ページ目には、算数に対する想いを書いてもらいます。今まで算数を勉強してきてどう感じているのか、算数が好きか嫌いか…。算数に関することなら、なんでも構いません。自己紹介を書かせるのは、学級担任の先生にもオススメです。全教科通して書かせる必要はありません。力を入れたい教科だけで結構です。

子どもの写真は、保護者に撮ってもらうといいでしょう。それが叶わないようなら、先生が撮ってあげても構いません。今はデジタルカメラで撮ってプリントアウトするだけですから、簡単にできます。もし、先生が写真を撮る機会があれば、ついでにクラスの集合

〈名前〉磯野　有梨花
〈誕生日〉1999年 10月 19日　B型
〈星座〉てんびん座
〈家族〉お父さん　お母さん
妹　私の4人家族
〈趣味〉スキー

ノートを開いて１ページ目。子どもの写真と名前、生年月日など。

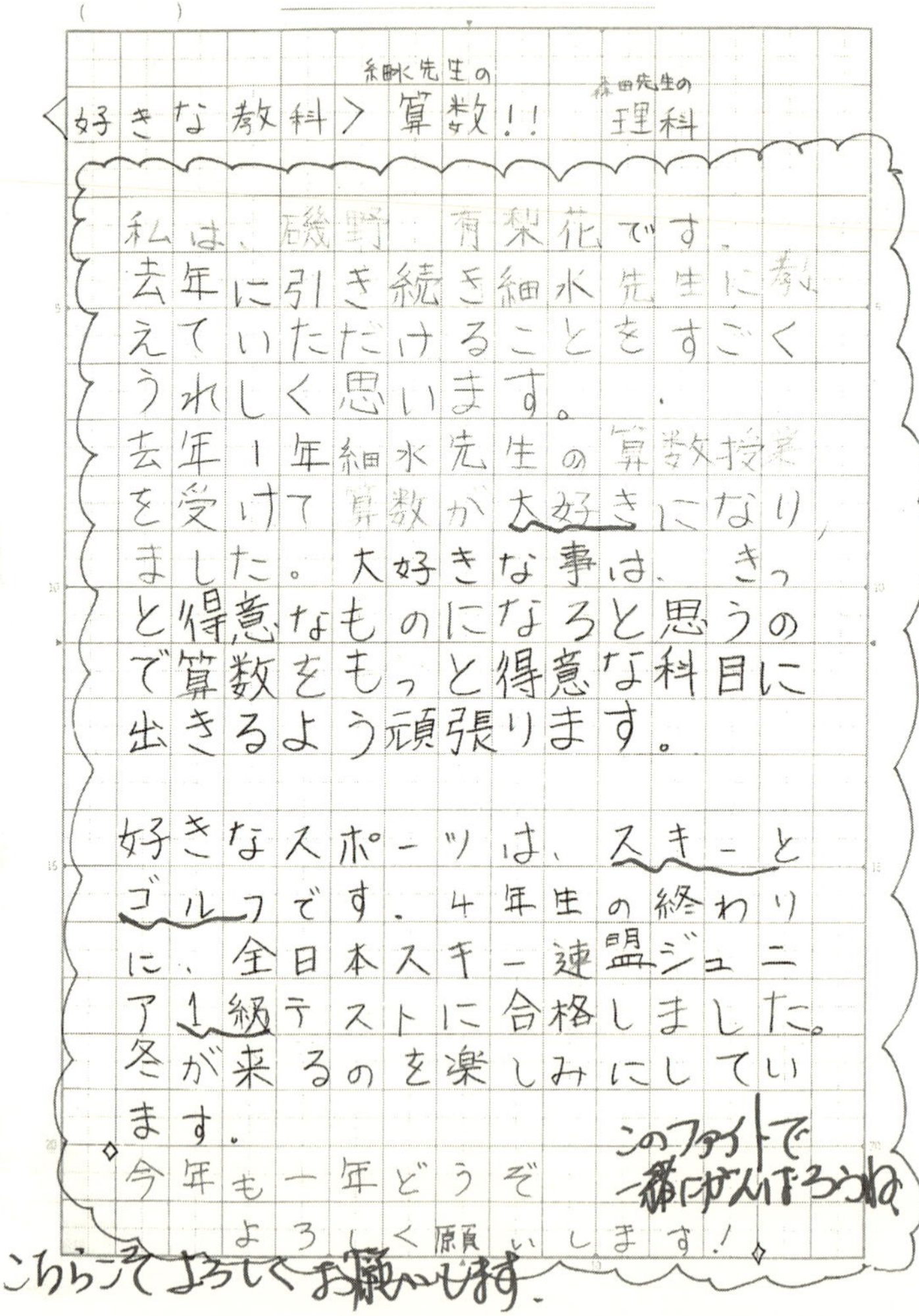
細水先生の
森田先生の
〈好きな教科〉算数!! 理科

私は、磯野 有梨花です。
去年に引き続き細水先生に教えていただけることをすごくうれしく思います。
去年1年細水先生の算数授業を受けて算数が大好きになりました。大好きな事は、きっと得意なものになると思うので算数をもっと得意な科目に出きるよう頑張ります。

好きなスポーツは、スキーとゴルフです。4年生の終わりに、全日本スキー連盟ジュニア1級テストに合格しました。冬が来るのを楽しみにしています。
今年も一年どうぞよろしく願いします!

このファイトで一緒にがんばろうね。

こちらこそよろしくお願いします。

ノートの2ページ目。算数に関することや自分のことなどを書いてもらう。

写真を撮っておいてもいい。「1年間、算数をやっていくには、みんなの力が必要だ！」と言って、写真を撮るのです。高学年を担当されている先生は、このときの写真を卒業アルバムに使うこともできます。

さて、次に授業におけるノートの取り方に移りましょう。まずは、日にち。次に、本題が入り、下には自分の考えを書きます。そして、見開き2ページを使って友達の考えを書き、メモやまとめを書きます。

「見開き2ページを使うんだよ。高学年だったら3ページになるかもしれない」
「授業がノートの途中で終わっても、次の時間は新しいページから書き始めよう」
「下のスペースは先生が見たときにコメントを書くかもしれない」

言葉だけでは子どもたちもわからないでしょうから、実際に授業を進めながら指導していきます。

1時間目の授業が終わったら、ノートを回収します。コメントを書き入れて返してあげると、子どもたちは「ちゃんと見てくれている」と思ってくれます。また、綺麗に書けているノートには花丸をつけてあげると、子どもたちはよりやる気を起こしてくれます。

私は回収したノートには必ずコメントをつけるようにしています。コメントをつけるだ

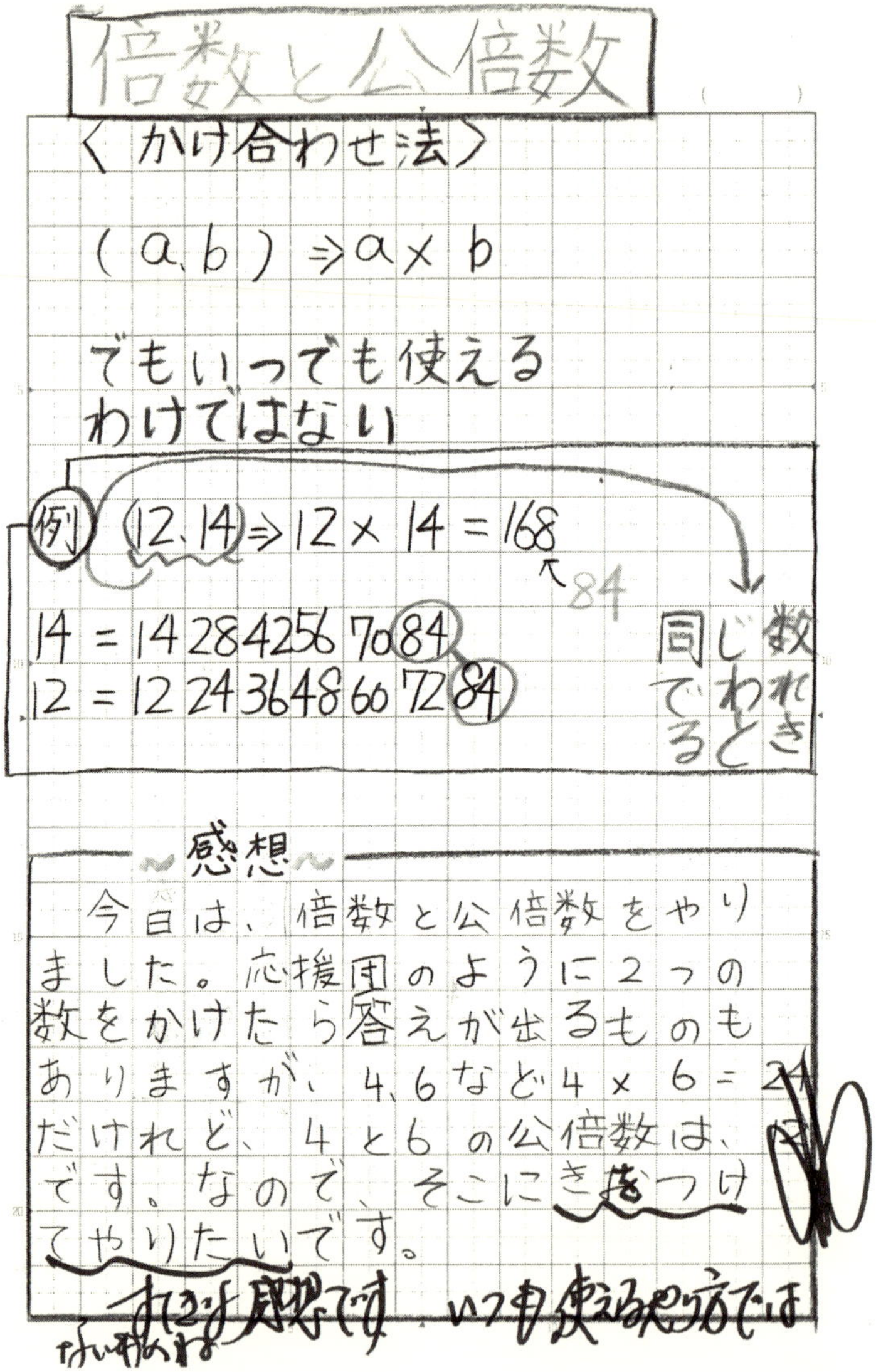
倍数と公倍数
〈かけ合わせ法〉
(a,b) ⇒ a×b
でもいつでも使えるわけではない
例 (12,14) ⇒ 12×14=168
84
14=14 28 42 56 70 84
12=12 24 36 48 60 72 84
同じ数でわれるとき
感想
今日は、倍数と公倍数をやりました。応援団のように2つの数をかけたら答えが出るものもありますが、4,6など4×6=24だけれど、4と6の公倍数は、12です。なので、そこにきをつけてやりたいです。
すばらしい感想です いつも使える方法ではないからね

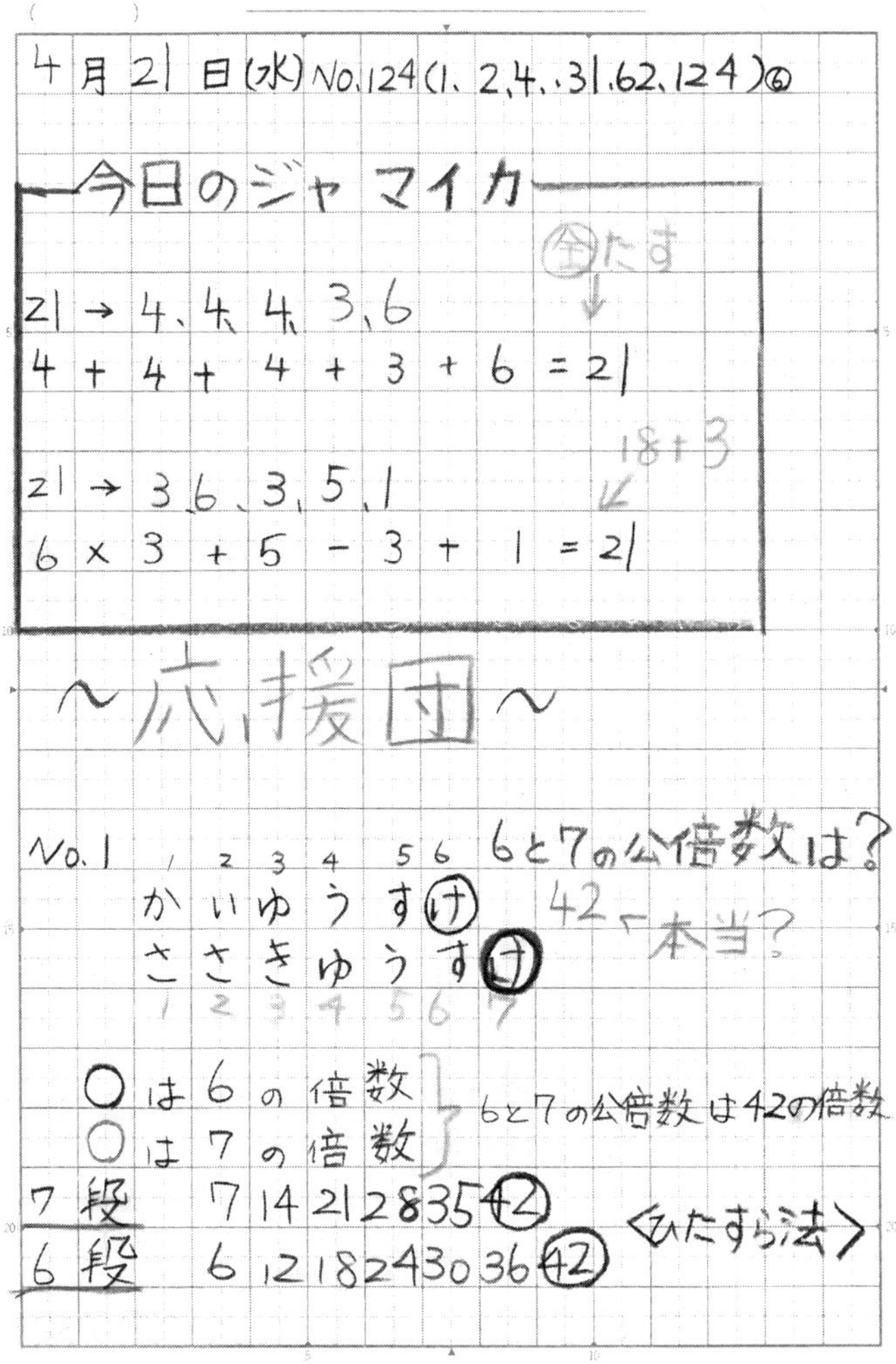
4月21日(水)No.124(1、2、4、31、62、124)⑥
今日のジャマイカ
全たす
21 → 4、4、4、3、6
4 + 4 + 4 + 3 + 6 = 21
18+3
21 → 3、6、3、5、1
6 × 3 + 5 − 3 + 1 = 21
〜応援団〜
No.1　6と7の公倍数は？
かいゆうすけ
ささきゆうすけ
42 ←本当？
○は6の倍数
○は7の倍数
6と7の公倍数は42の倍数
7段　7 14 21 28 35 42
6段　6 12 18 24 30 36 42
〈ひたすら法〉

1時間のノート。左ページには、今日のジャマイカ（P154参照）と問題、自分の考えを書く。右ページには、友達の考えやまとめ、感想を書く。

けで、へたをすると1、2時間はかかってしまいます。先生は業務が忙しく、本当は花丸ぐらいで済ませたいのですが、先生の価値観を伝えるためにはやはりコメントが必要です。「君のノートは素晴らしい。いいことが書いてある。ただ、コピーしたいけど、みんなが読めない。もう少し綺麗に書いてくれると嬉しい」

大変ですが、これを書くだけで子どものノートは綺麗になっていきます。できれば、一人ずつ違う言葉を入れたいところですが、難しいのであれば、いくつかのパターンに分けてもいいでしょう。

「数学的にいいことが書いてあるけど字をもう少し丁寧に」
「黒板のことは綺麗に書かれているけど、自分の考えが書かれていないよ」
「書き方はいいけど、授業の感想がない」……。

何度も言いますが、コメントを書くのは本当に大変です。特に学期末になると、成績もつけなくてはいけませんから四苦八苦します。でも、子どもの力を伸ばすために、という想いが私を駆り立ててくれます。

そして、子どもたちのノートを見ることで、自分の授業を振り返ることができたり、教材づくりの新たなエッセンスをもらったりすることができます。

子どもの豊かな発想をメモする

子どもからもらうアイデアは、ノートだけとは限りません。何気ない一言にも、大人の発想を超えたものがあります。

私は以前、横浜国立大学で講義をもっていたことがあります。ある講義で、私は学生に「居酒屋でグラスの口で円をかいたときに、どうやって円の中心を求めたか」という話をしました。

円の中心を見つける方法として有名なのは、線対称を生かして円がかかれた紙を折る方法があります。

簡単に言えば、四つ折りにするだけでいい。円は対称軸が無数にあるので、対称軸を2本つくれば、必ず中心が見つかります。

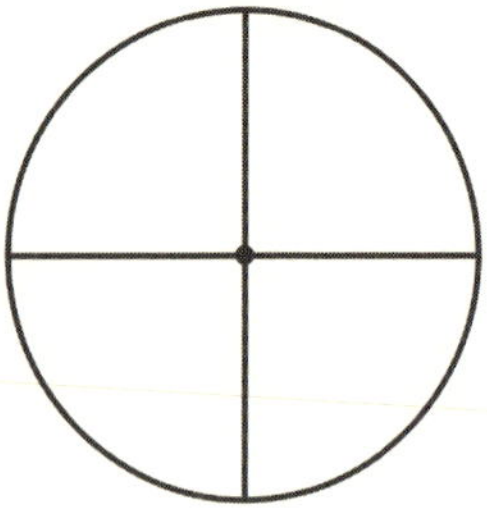

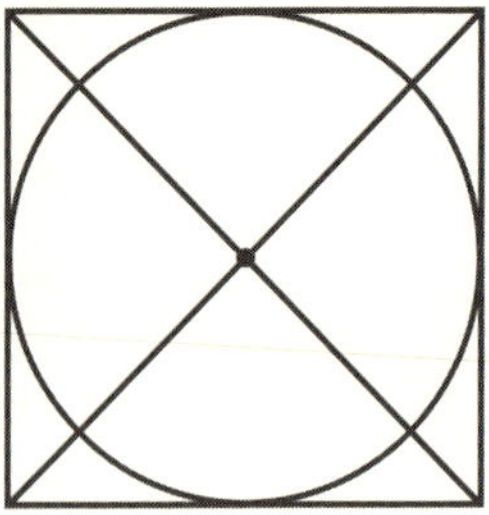

ほかには、円に外接する正方形をかく方法があります。正方形の対角線を結ぶと、円の中心を見つけることができます。

この方法を知っておけば、5年生の円周で活用することができます。

外接する正方形のまわりの長さよりも円周が短いのは、一見してわかります。しかも、正方形の一辺は直径と同じ長さなので、円周は直径の4倍よりも短いという証明にもなります。

いきなり円周の学習に入ると、正方形の考えは先生から与えざるを得ません。しかし、円の中心のときに正方形を出しておけば、円周のときに生かすことができます。

もう一つ、私が大学生に「これくらいできるといいな」と話したのは、長方形の紙を使った方法。

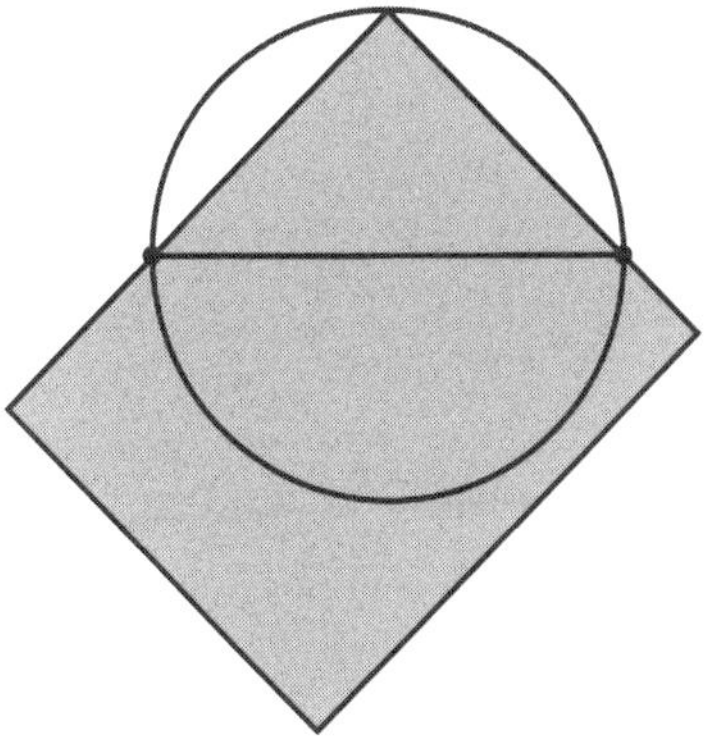

長方形の紙の直角を円周上に当てます。そこでできた長方形の辺と円の2つの交点を新たに直線で結ぶと、円の直径になります。そして、長方形の紙をずらして、もう一度同じ作業を繰り返してできた線との交点が円の中心になります。

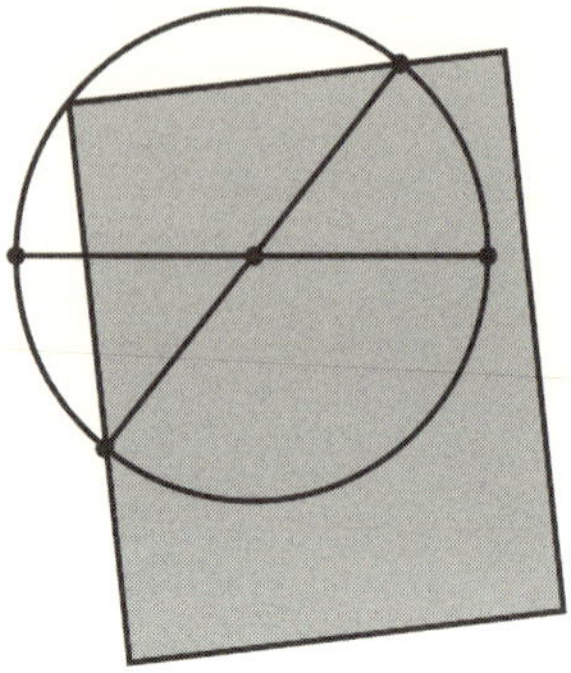

学生にも意見を求めると、いくつかの方法が挙がりました。切り取った円をひもで吊して重心を見たり、指の上に乗せて重心を探すといった、なかなかおもしろい方法もありましたが、ほとんどはどこかで聞いたことのある方法でした。

さて、このときの話を、私は小学校5年生の子どもたちに話しました。

「大学生200人に聞いて、出てきたのがたった数個だけ。みんなはあるかな？」

子どもたちから意見を募ると、彼らは必死に考え始めました。

おもしろかったのは、点をたくさん打つという方法。どういうことかというと、円の中心だと思うところに点をたくさん打ちます。そして、その円を回します。動かなかった点が、円の中心だというのです。

私はなぜ、そんなことを思いついたのかと尋ねると、子どもたちはちょうど理科で北極星について学んでいたのだそうです。動かない星が中心であることを思い出して、気付いたと言っていました。

また、長方形の紙を使った方法を聞いたある子は、「先生、そんなに面倒くさいことやらなくてもいいんじゃない」と言いました。

「居酒屋で考えるんですよね。だったら、お店にあるお箸の袋を使って、こうやって重ねればいい」

そう言って彼は、円の上に箸袋を模した長方形を重ねるように図にかきました。

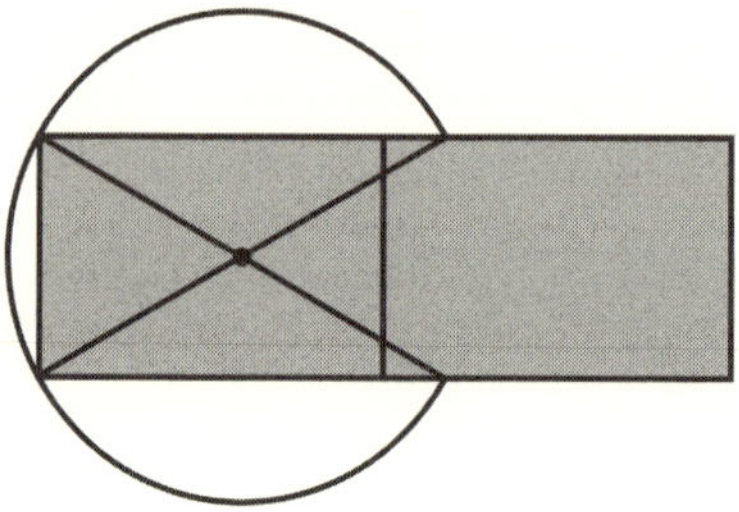

これには私も「参った」の一言。発想の源を尋ねると、「長方形の紙の話は難しかったので、だったら…」とのこと。子どもたちの発想の豊かさに脱帽しました。

あるきっかけがあると、「だったら…」と考えることで次の考えが出てきます。子どもたちの「だったら…」をできるだけ聞き出してメモしておけば、教材研究にも生かせるはずです。

子どもだから出てくる論理をもらう

子どもの考えから、教材や授業が広がることはよくあります。

以前行った授業で、1～4の数が書かれたカードを用意して、そこに「＋」か「－」を入れて式を立てて答えを出すという問題を出しました。

挙がってきたのは、次のような式。

3－1＋2－4＝0
4＋3＋2＋1＝10
3＋4＋2－1＝8
4－3＋2－1＝2
4＋3－2－1＝4
4＋3－2＋1＝6

これらの式は、答えが最大でも10にしかなりません。ほかにも「2＋1－3＋4＝4」「4－1＋3＋2＝8」といった、式は違うけれど答えが同じものものもたくさん挙がりました。

私は、子どもたちに問いました。

「できれば、黒板に書かれた答えと、違う答えになっている式を出してくれると嬉しいな」

子どもたちはしばらく必死に考えていましたが、やがて諦めたように首を振ります。

「できません」

「本当に？」

この授業でのポイントは、「本当にこれ以外の答えは出ないのか？」です。そうすると、答えが小さい順に式を並べ直したいと言い出す子が現れます。実際に、並べ直してみると、0、2、4、6、8、10と、答えがすべて偶数になっていることがわかります。

ただ、子どもたちにとっては、ここから先の説明が難しい。私はどうするのかなと思っていると、一人の子が「4＋3＋2＋1＝10」と最後の式をつぶやきました。

「最後の式は、『＋』しか使っていないから、どこかの記号を変えてみるといい」

$3-1+2-4=0$
$4-3+2-1=2$
$4+3-2-1=4$
$4+3-2+1=6$
$3+4+2-1=8$
$4+3+2+1=10$

例えば、＋3を－3に変えると、答えは4になります。これは、3の2倍分だけひかれていることになります。ほかにも＋1を－1にすると、1の2倍分ひかれるので、答えは8になります。

つまり、記号を変えると、その数の2倍だけ変わる。2倍するということは、偶数になるということです。そして、偶数－偶数は偶数です。

その子は「一番大きい和が偶数であれば、絶対に偶数しかできません」と言いました。この説明は私も考えつかなかったので、「もらった！」と思ってノートにメモ。その後の教材研究に生かすことができました。

「ハテナ」と「ナルホド」が授業のカギ

この授業では、子どもの発言をきっかけに、より理解を深められる展開になりました。

「答えが全部偶数。本当かな？　じゃあ、今度は数をもう一つ増やしてみよう」

5＋4＋3＋2＋1＝15
1～5で計算すると、答えは最大15で奇数となります。この場合では、どうなるでしょうか。

「奇数－偶数になるから、答えはいつも奇数だよ！」

前述の考えを活用して、子どもが言いました。

記号を1つ変えてみると、5＋4＋3＋2－1＝13と、確かに奇数になります。

「おお、君が言ったとおりだ。すごいね」

ほかの子どもたちも「なるほど」と頷いていました。

「どうして答えがすべて偶数なのか？」という「ハテナ」が、ある子の考えを経て皆を

「ナルホド」と納得させることができました。

子どもたちの「どうして？」という「ハテナ」を考えていくと、「そうか。わかった！」という「ナルホド」になります。先生はいかにしてこの「ハテナ」と「ナルホド」をつくり出すか。先生の腕の見せどころです。

クラスや子ども一人ひとりの実態を考えると、全員を納得させるのは難しいかもしれません。でも、だからこそ、どう納得させるのかと、教材を研究することが大事になってきます。

私は教材に「ハテナ」と「ナルホド」を盛り込むことで、指導案をつくるのが随分楽になりました。研究授業の要請を受け、単元を決め、「ねらい」を定め、そして「ハテナ」と「ナルホド」を考える。そうすると、授業の起承転結が明確になり、授業展開をイメージしやすくなります。

そして、おもしろいと思ったことは、とにかくメモをとっておくと、教材の「ハテナ」や「ナルホド」にも生かすことができるようになります。

授業づくりメモ

◎先輩や同僚、子どもからの意見をメモする習慣をつける

◎素材収集用のノートや板書の写真、子どものノートを教材づくりに生かす

◎子どものノートには、子どもの顔写真と自己紹介を書かせる

◎子どものノートには、本題、自分の考えと友達の考え、メモやまとめを書くように指導する

◎子どものノートには必ずコメントを入れる

◎大人の発想を超えた子どもの一言を教材研究に生かす

◎教材に「ハテナ」と「ナルホド」を入れる

コツ3

問題提示で教材を引き立たせる

子どもが判断する場を設定する

私はほかの学校で飛び込み授業をするとき、子どもたちと仲良くなるため、授業前にちょっとした会話でコミュニケーションを図ります。

最近行った飛び込み授業では、5年生の子どもたちを相手に次のような質問をしました。

「皆さんは、普段どんなテレビ番組を観ていますか？」

子どもたちからは、のべつ幕なしに番組名が挙がってきます。私は一人を指名して、改めて何を観ているか尋ねます。

「『イナズマイレブン』です」

「へえ。それってアニメ？　なるほど。では、皆さんに質問。皆さんの中で『イナズマイレブン』を観ている人は手を挙げてください」

数人の子どもたちが手を挙げます。

「おっ、結構観ているね。1、2、3……9人か。今日のクラスは、30人だったね。ということは、『イナズマイレブン』を観ている人は、クラスの人数の半分よりも？」

私の問いかけに子どもたちが声を合わせて「下です！」と答えてくれました。

「そうだね。じゃあ、せっかくだから、クラスの半分以上が観ていそうなテレビ番組を考えてみよう。何かあるかな？」

子どもたちの手が一斉に挙がります。

『紅白歌合戦』『笑点』『サザエさん』『めざましテレビ』……。

皆、自分が観ていて、かつ友達も観ていそうな番組を挙げていきました。

とても単純なやり取りですが、クラスは意外と盛り上がります。というのは、子どもたちにとって判断する場があるからです。自分がその番組を「観ている」か「観ていないか」を判断して参加できるので、自然と発言も多くなってくるのです。

「僕はそれ観ていない」「朝の番組とかの方がいいよ！」

できればこのとき、子どもたちから「だって」という言葉を引き出せればなおいい。「だって」の後は論理です。「だって、朝は皆テレビを観るから…」など、その子の論理が出てきます。実際の授業も同じように、子どもたちに判断する場や論理を引き出す場を与えられれば、授業にもっと活気が出てくるでしょう。

子どもの問いから広がる授業を

「コツ1」でも触れましたが、教材を引き立たせるには、問題提示を考えなくてはいけません。

問題提示の仕方はいろいろありますが、大切なのはどうやって子どもに問いをもたせるか。先ほどの子どもたちに判断させる場を設けるためのやり取りも、「こっちがいいかな?」「あっちがいいかな?」という問いをもたせています。

子どもたちに問いをもたせようと考えると、教材づくりも楽しくなります。

最近、2年生のクラスで「長さ」の授業をしたときのこと。

私は100円ショップなどで売っている紙テープを用意して、子どもたちの前に掲げました。

「これからこのテープを渡すので、渡された人は大体50㎝だと思うところで切って、後ろの子に渡してください。いいですか、一人につき50㎝ですよ」

私はまず、指針となる50㎝のテープを黒板に貼りました。子どもたちは、黒板に貼られたテープと同じ長さを取るために、渡されたテープを持って黒板の前にやってこようとします。私は彼らに黒板のテープに直に触れさせないように、黒板の手前で制止しました。

「ちょっと待って。ここより前に来てはダメだよ。それから、定規を使うのもダメ」

「えぇ！」

戸惑う子どもたち。

「実は先生はね、長さを測るプロなんだ。50㎝はこのくらいかな」

私が適当に手を広げて子どもたちに見せると、「それは長すぎるよ」と一蹴。

「じゃあ、どうやって測ればいいかな？」

私が水を向けると、皆思案し始めました。

ある子が質問してきました。

「先生、定規以外のものを使ってもいいですか？」

「何を使うの？」

「ふでばこ！」

「いいよ」

すると、ほかの子どもたちも「だったら僕は鉛筆」「私はノート」と、自分なりの測定方法を考え始めました。

自分が今もっている知識を最大限に利用する。これは、知恵です。過去の経験を生かす場に彼らを追い込めば、皆必死で考えます。先生は、そんな彼らの知恵を見てあげるといい。長さを考えるにしても、ただ「テープを取ってごらん」「これくらいです」「いいです」というやり取りだけでは、子どもたちの脳をフル回転させることはできません。

子どもたちからは、様々な知恵が出てきました。

「指の第一関節が1cmぐらいなので、その50個分です」

いいですね。私は彼らの知恵を板書していきます。

「上履きのサイズで測ってみました」

この考えは、何人かの子どもが同意していました。

「私はウエストが50cmくらいです」

これはある女の子の意見。彼女は実際に腰に回して測っていました。

「僕は頭のまわりの長さで測りました」

筑波小には制帽があるので、子どもたちは自分の頭の大きさを知っています。

この授業で大切なのは、量感というのは、自分なりの基準をもっていないとダメだと知ることです。1という基準をもつか、50という基準をもつか、各々がもつ基準と比べて測ることができるかを見てあげるのです。

ちなみに、「ほかにもない?」という聞き方は、できるだけ避けたいところです。子どもから無理に出させても、おもしろい意見はあまり望めません。と言っても、私もつい言ってしまいがち。

そこで、私はたまに「もうなくていい。もういいよ。これだけ出たら十分」と、意見を制限するような言い方を用いるようにしています。すると、子どもたちは発奮して「まだほかにもあります」といい意見を述べたりします。我ながら、天の邪鬼ですね。

長さ以外でも、重さや高さなどでも、彼らの基準を見てあげます。1時間かけて考えさせると、子どもたちからはユニークな発想がいくつも出てきます。

それと、50という数のとらえ方も大切にしなければいけません。10の5倍としてとらえるのか、100の半分としてとらえるのか、60－10としてとらえるのか。50という数をもとに、数の仕組みによる豊かな発想が出てくるので、これだけでも1時間おもしろくすることができるでしょう。

おもしろくするには問題提示が大切

子どもたちを「できるようにしよう」とか「わかるようにしよう」という想いにこだわりすぎると、算数本来のおもしろさが犠牲になることがあります。テストで高得点が取れるようになり、ある程度算数ができる子が育っている代わりに、算数をおもしろいと感じる子は減っているように思うのです。

算数のおもしろさを子どもたちに感じさせるには、やはり教材。そして、問題提示を工夫することです。

授業で使う問題の大半は、教科書に掲載されたものです。これらは子どもにとっては、先生から「与えられた」問題になりがちです。

「与えられた」問題は、必ずしも子どもが解こうと思う問題になっているとは限りません。ですから、子どもに問題に触れさせて、そこからさらに「ハテナ」をもたせることが大切です。

子どもの中でハテナが生まれれば、そのハテナを解決するために子どもは自然に動き出します。「与えられた」問題からハテナが生まれてはじめて、子どもに「解決しよう」という主体性が出てくるのです。

研究者によって意見は分かれますが、最初の与えられた問題を「課題」、そこから生まれた子どもの問いが「問題」といい、問題提示は2段階に分けて考えるべきだと言われています。

例えば、黒の図形と白の図形があります。どちらの面積が広いでしょうか？

黒？　本当ですか？

同じということもあり得ますね。

でも答えは、白です……というのも冗談です。

こんな感じで子どもたちとやり取りすると、彼らの中で問いが生まれます。私が黒だと言えば、子どもたちは「本当に黒なのかな？」と思い、そのことが問題となります。

課題は「どちらが広い？」ですが、子どもの問いは「本当に黒の方が広いのかな？」となります。

ただ問題を黒板に書いたり貼ったりしておしまいにするのと、問題を採んで子どもたちの中で問いが生まれるまで付き合うのとでは、問題提示の質が違います。

教科書に掲載された問題は、まだ子どもの問いにはなっていません。ですから、問いにするにはどうすればいいのか、その工夫が教材研究です。

先のくだりのように、先生がどちらかの肩をもつのか、まずは計算させるなど体験させてから考えさせるのか。とにかく、子どもたちに「なぜなんだろう？」「本当にそうなのかな？」と思わせてはじめて授業が動き出すのです。

また、一つの問いが解決されたら、今度は同じような問題へ取り組んでいくと、子どもたちには類推する力がついてきます。次から次へと子どもたちが自ら取り組み始めると理想的です。そうなれば、授業も変わってきます。

問題提示は幾通りもある

子どもが悩みそうな場面を設定しようと思うと、ちょっとした遊び心も生まれてきます。

私が以前1年生で試したのは、ブラックボックスを生かした問題提示です。まずは教卓の上に衝立を置いて、ブラックボックスをつくります。そして、一人だけを呼び寄せて衝立の内側を見せます。

内側には、お皿に載せられたおもちゃのイチゴが3つ。私はその子に「ここにあるイチゴが何個あるか、言葉以外でみんなに伝えてよ」と言いました。

言葉を使わず、どうやってイチゴの数を表現できるか。私はその子の表現力を試したわけです。

その子は、手を3回叩きました。

「なるほど。手を叩くとよくわかるね」

次に私は、別の子を呼んで言います。

「今度は、言葉と手を叩くこと以外で伝えられるかな?」

すると、その子は首を3回振りました。

私はまた別の子に「今度は、言葉も手を叩くのも首を振るのも禁止」と言います。

どうしたと思いますか。

その子は、お尻を振り始めました。

ほかにも、地団駄を踏んだり、教卓のまわりを回ったり、私が考えもしない表現をたくさん披露してくれました。子どもたちも「わかりやすい」「それじゃ、わからないよ」と大騒ぎ。厳密には算数とは言えないかもしれませんが、先生が楽しいと思ったことを授業に組み入れると、やっぱり授業は盛り上がります。

衝立の内側もイチゴの数をもっと増やしてみたり、イチゴではなくアイスクリームのカップを入れてみたり、子どもが表現に悩みそうなものを入れてみようかと考えたりします。子どもたちはいったいどうやって表すのか、と考えると先生もワクワクしてきます。

教科書には、子どもたちが悩むような場面があまり載っていません。ですから、先生が用意してあげるといいのではないでしょうか。遊び心が加味されていれば、真剣な中にも笑顔が弾けます。

子どもにイメージをもたせる

最近の私のテーマの一つとして、「子どもたちにイメージをもたせる」ことを考えています。

ただ黒板に書かれた問題を写して解かせるのではなく、問題の内容やその情景を具体的にイメージさせながら解かせるのです。これは問題提示をより工夫しようという想いから、編み出したものです。

具体的には、「耳で聞く」ことを重視した授業です。

先日、6年生のクラスで問題を提示したときのこと。

授業が始まり、私は開口一番、問題を読み上げます。

「いいですか、問題を言いますよ。テープが□mあります…」

子どもたちは私の話に耳を澄ませて、問題をノートに書いていきます。

黒板には、まだ今日の日付しか書かれていません。というのも、板書された問題をそのまま書かせるだけだと、子どもたちの中に問題のイメージが湧きづらいのではないかという気がするからです。

また、教科書を開くと、挿絵などが入って視覚的にとてもわかりやすくはなっていますが、今度は逆に子どものイメージを限定してしまい、授業が固まってしまうおそれがあります。

私は、ゆっくりと声に出して問題文を読み上げます。子どもたちが、頭の中でテープを思い描けるようにするにはどうすればいいのかを考えつつ。

「このテープを2人で分けます。後ろの子、聞こえているかな？」

十分に間を取って、子どもたち全員がついてきているかを気にかけます。

「さて、この次の文章は何かわかるかな？」

問題をイメージできているかを見るために、最後の文を子どもたちから言わせてみるのも一つです。子どもたちを主体的に動かしたいのであれば、できるだけ子どもに発言させるといい。

最後の文は大体わかりますよね。ある子が、手を挙げて言いました。

「1人分のテープの長さは？」

「そのとおり。いい読みだね」

皆が問題を書き終わると、当然質問の手が挙がります。

「□の中は何mですか？」

「いい質問だね」と私は言って、次の数字を示しました。

「□の中は、$\frac{4}{5}$です」

この日の授業は、分数÷整数。分数のかけ算は学習していますが、わり算は未習です。

計算を始める子どもたち。答えを促すと、「$\frac{4}{5}\div 2=\frac{2}{5}$」と返ってきました。理由を問うと、「かけ算のときは$\frac{4}{5}\times 2$のときは、4に2をかけていたので、わり算は4を2で割ればいい」とのこと。さらに「$\frac{1}{5}$が4つ分でその2つ分だから、$\frac{2}{5}$」と説明しました。

素晴らしいですね。ちゃんとかけ算の学習を生かしています。ほかの子どもたちも頷いていました。

さらに私は、練習問題を3題出しました。

「□の中が、$\frac{4}{9}$、$\frac{6}{7}$、$\frac{2}{5}$の3つの場合だったら答えはいくつ？」

分子を2で割れば、これらもすぐに解けます。

答えは、2/9、3/7、1/5です。

「みんな、よくできたね」と言って私が授業を締めようとしたところで、一人の子どもが元気よく手を挙げていました。

「どうしたの？」

「□の中が3/5だったら、どうすればいいですか？」

私が出した問題はいずれも分子が偶数でした。分数のかけ算は分子にかける、分数のわり算は分子を割るということを勉強しました。しかし、分子が割れなければどうするのか？　発言した子はそのことに疑問をもったのです。

待ってました、とばかりに私は言います。

「本当だ。3だったら割れないな。こういうときはどうしたらいいかな？　よし、次の時間は、みんなでこのことについて考えよう」

教科書では、最初に$\frac{4}{5}\div 2$が出て、次に$\frac{3}{5}\div 2$が出るようになっています。この方が授業がストレートに流れるからです。

教科書の問題提示は、平均的な学年の力を想定してつくってあります。しかし、実際にはクラスの中でも学力差は大きく違ったりします。学力差が平均よりも上や下なのであれば、やはり授業の内容を変えなければいけません。誰もが手を伸ばせば届く、あるいは満足せずに先へ進めるように教材をアレンジしたり、開発したりするのです。

私は分子を割る考えをもとに、分子が割れなければどうする?という考えを子どもたちから出させたかったので、どうしても一拍置きたかった。そこで、$4/5$を□にして、分子が偶数になる問題をいくつか出すことにしました。

これがこの授業での私のねらいです。

分数÷整数を理解させるために、子どもたちから「割り切れない場合はどうすればいいのか?」という疑問をもたせたかったのです。

最初に「分子を割る」ことを強調したことで、子どもたちはその解法にこだわります。結果、分子が奇数の場合の解き方が豊かになります。

子どもたちからは、五つの解法が出ました。

私はそれぞれキーワードをつけて発表させました。

「分子を偶数にする」

「小数にして整数に戻す」

「$\frac{2}{5}$÷2を使う」
「単位を変える」
「分数分数を分数にする」

最後の分数分数というのは、$\frac{3}{5}$を「$\frac{\frac{3}{5}}{2}$」ということです。

私が子どもたちに目をつけてほしかったのは、一つ目と二つ目の解法。分子を偶数にして計算するか、$\frac{3}{5}$を$\frac{1.5}{5}$にして分母分子を2倍にすることで、奇数でも解けることを理解させたいと思っていました。

どちらにせよ、「分子を割る」という意識を子どもたちにもたせることで、様々な解法が出てきたことは確かです。

教材を研究してどんな形でやろうかと考えたとき、できれば豊かな反応が出てくるように展開させた方がいいと私は思っています。一つの物語を紡ぐことで、次の物語が生まれるように展開できれば、授業は大変おもしろくなります。

分数÷整数を終えた後、今度は分数÷分数をやればどうなるのか。なぜ、除数をひっくり返してかけるのかを子どもたちに言わせたい。そこまでの物語を紡ぎたいと考えると、もっと授業はおもしろくなるのではないでしょうか。

イメージのもたせ方で問題のおもしろさが変わる

「耳で聞く」授業を意識させると、子どもたちの動きも変わってきます。

「みんな、いいかな。問題を言うよ。12個のおまんじゅうをもらいました、とノートに書くんだよ」

下学年の場合は、口頭で話して、それから黒板にも問題を書いていきます。

「先生が黒板に書き終わるまでに書ければ立派だね」と、ノートに書くスピードも教えてあげます。

もちろん、ここでも子どもが書く時間に配慮。「ちゃんと書いているかな?」と、途中でチョークを止めて振り返ったりします。

「おまんじゅうをもらいまし……た。ちゃんと『。』もつけるんだよ」

時間をかけて、ときには話を脱線させながら、書くのが一番遅い子も待ってあげます。

また、ここでさり気ない一言を添えるのも効果的です。

「お、綺麗な字だね」

一人の子のノートを褒めると、クラスに「ノートを綺麗に書くことはいいこと」という先生の価値観が伝わります。

私の一言で、消しゴムを使う子が現れるとしめたもの。

「えらい。消しゴムを使って書き直している子がいる。そうだよね。自分で汚いと思ったら書き直す。そういう子はいいよね！」

先生の一言は、子どもたちにはとても大きい。私は多くの小学校で飛び込み授業をしていますが、どの学校でも同じです。


さて、イメージをつけさせるためには、情景が思い浮かべられるように話し方にも心掛けます。

「実は先生、この前ね、12個のおまんじゅうが入っていた箱をもらったんだよ。どんな並び方をしていたか、わかるかな？　想像して、ちょっと並び方をノートに書いてごらん」

子どもたちは各々のイメージを膨らませながら、ノートに並び方を書いていきます。

「どんな並び方だと思う？」

「2個ずつ、6列！」

一人の子が元気よく答えます。

「ほう。みんな、彼が言っている意味がわかる？」

頷く子どもたち。でも、その子が言ったことが本当に皆に伝わっているとは限らないので、私は頷いている一人の子に意味を説明してもらいます。先生が説明すると、先生主導になってしまうので、誰かが発言すると必ず別の子にも聞くようにします。

指名された子が、黒板に2個ずつ6列の◯をかいてくれました。

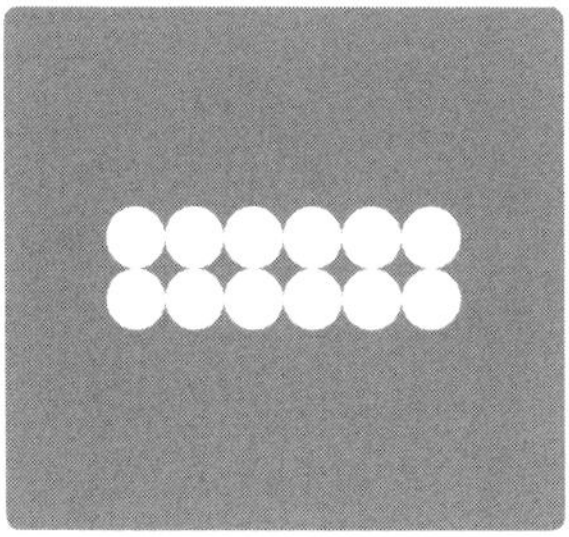

「本当にこれで12個になる？」と私が食い下がると、別の子が「2×6＝12」と式に表してくれました。

ここで私は、用意していた封筒を持ち出してみんなに見せます。

「封筒の中には、いろいろな並び方がかかれた図が入っています」

そう言って私は、2×6のアレイ図がかかれた紙を取り出しました。

「でも、先生がもらったおまんじゅうの箱は、この並び方じゃなかったんだ」

そして、教室を見回します。四方から挙がる手。私はまだ答えていない子を指名します。

「縦に4個、横に3列です」

式に表すと、4×3＝12です。私は封筒から4×3のアレイ図の紙を取り出します。

「確かに12個だ。でも、残念。この並び方でもなかった」

こうして子どもたちの考えを聞きながら、授業を進めていきます。封筒から紙を出すときは、すぐに見せないのがコツ。最初の並びだけを見せて、子どもたちの反応をうかがいながらゆっくり出していきます。

「縦に3個、横に4列」

「縦に1個、横に12列」

さすがに「12列の箱はないよ」なんて声も挙がりますが、私は「あるかもしれないよ」と封筒から1×12の紙を出します。

中には「2個3個2個3個2個」という考えも出てきました。

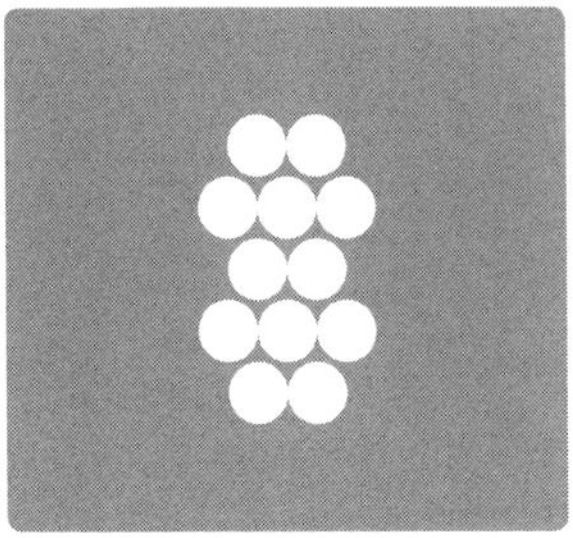

考えられそうな並び方があらかた挙がっても、私は「違うなあ」と首を振り続けます。子どもたちは、段々しびれを切らし始めました。そんな彼らの様子を見て、ついにタネ明かし。封筒から答えの紙を出します。

「私が見た並び方はね…」と出した紙は2×3の紙。これを2枚取り出しました。

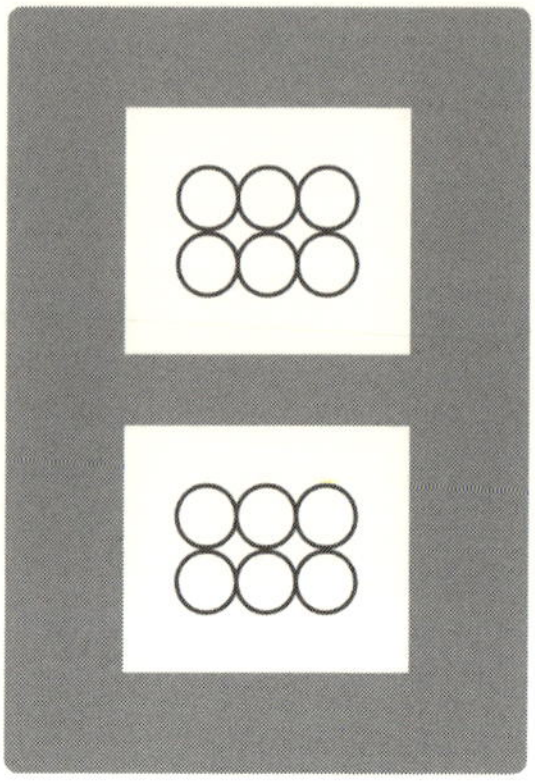

「箱が2つ。実は、二段重ねになっていたんだよ！」

これは本当にあった話。でも、子どもたちからは「ずるいよ」と非難の声を浴びました。

この教材を取り扱ったのは、3年のわり算の導入でした。

本当の問題はここからです。

「ところでね、今日の勉強は12個のおまんじゅうを3人に分けたいと思います。喧嘩が起きないように分けたい。どうすれば、いいかな？」

時間のかかった問題提示でしたね。でも、子どもたちには問題のイメージは十分についているはずです。

すぐに手が挙がりました。

「同じ数ずつ分ければいいと思います」

「そうだね」

子どもの意見を受けながら、私は12個のおまんじゅうを3人の子どもに1個ずつ分けていく図を板書します。図をかく代わりに、おはじきを使っても構いません。

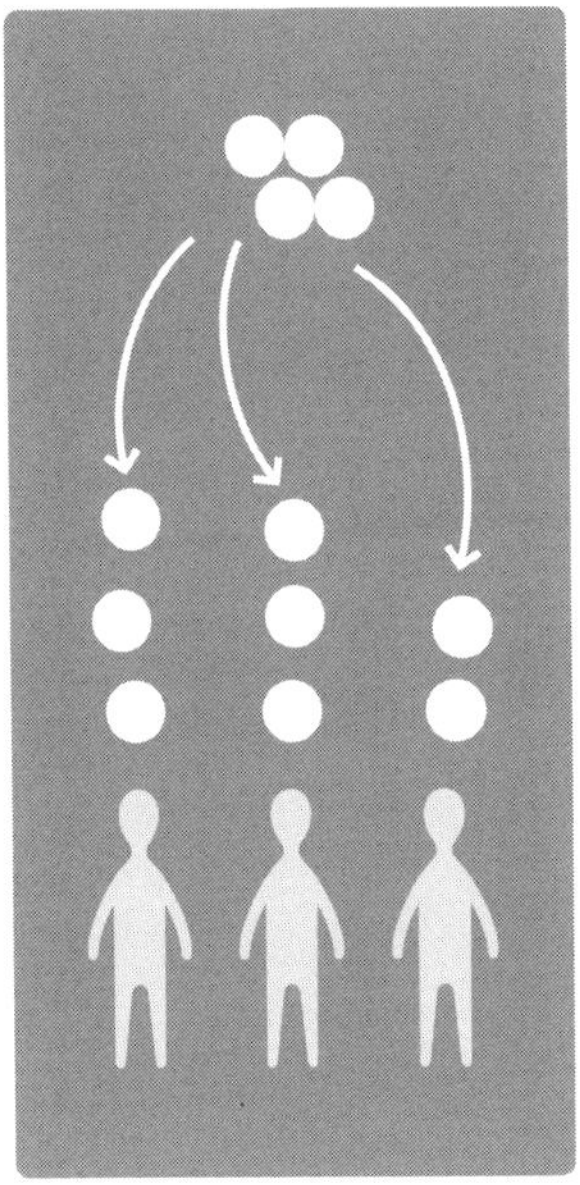

私はここで、子どもたちにわり算を、12個を3等分する操作で見せたいと思っていました。黒板で1個ずつ分ける図をかきながら、途中で止めてみる。

「ここで終わるとどうなる?」

「喧嘩が起きる!」

可愛いですね。

操作を終えて、黒板を見ると、1人分は4個になっていることがわかります。

続けて、私は子どもたちに言います。

「実はね。もらった箱とは別にまだおまんじゅうがあったんだ」

そして、黒板に「□個のおまんじゅう」と書きました。

「何個入っていたと思う?」

問題と答えをしっかり理解している子どもたちは、「3個」とか「12個」と、ちゃんと3の倍数を挙げてくれます。

ただ、中には3の倍数じゃない数を挙げる子も。となると、余りのあるわり算になってしまい、ちょっとまずい。ですから、子どもたちからいくつか意見を聞いた後で、封筒から24個のおまんじゅうがかかれた紙を取り出しました。

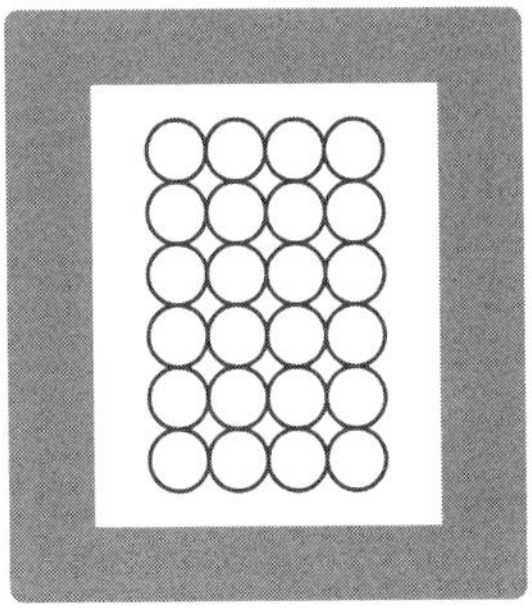

最初に「□個」としておくと、子どもたちからはたくさんの数が出てきます。彼らに躊躇はありません。なぜなら、それらはあくまで予想だからです。どんな数が挙がっても間違いではないですし、3の倍数が挙がれば褒めてあげることもできます。そして、正誤はないので、私が24個の紙を出しても授業が惑うことはありません。

私がこの授業でおさえたかったのは一つだけです。24個のおまんじゅうを、どう分けるのかを見せること。できれば、×3を通して、3×8の8を求めることを意識させようと思っていました。

導入で7分。子どもたちにイメージをもたせるためにどうすればいいか、と試行錯誤しながらやってみると結構楽しくできました。

問題と子どもの接点を増やす

「1m80円のリボンがあります。はい、ノートに書いてごらん」

5年生、小数のかけ算の導入。

耳で聞く授業では、どれだけ子どもにイメージをもたせられるかが、カギを握ってきます。私はここで、ちょっと長めのテープを子どもたちに見せました。

「これ、50㎝なんだけど」

「え～、長いよ」

「いや、長くないよ」と私。

「だって、机の長さよりも長いよ」

その子は机の幅が60㎝だと知っていました。ちなみに、縦は40㎝。こういう知識を子どもが使えると立派です。

私は、子どもたちにはノートに問題文とともに、図をかいてほしいなと思っていました。

でも、「はい、図をかきましょう」と言うのも癪です。そこで私は、図をかいている子のノートを取り上げました。

「ねえ、みんな見て。彼はすごいよ。問題文だけでなく、図までかいている！」

私が図をかいている子を褒めると、ほかの子どもたちも真似して図をかき始めました。

さらに私は、「このテープは長いなあ」とテープを伸ばすのに手間取っている仕草を見せると、手伝ってくれる子が現れました。

「君は、いい子だねえ」と褒めると、今度は積極的な子が増えてきます。

「さて、このテープ。どれくらいの長さだろう？」

私が発問すると、四方から「1m！」「2m！」と声が挙がります。

「2mか。その場合は、値段はいくらになるかな？」

「160円です」

「本当に？」

「80×2=160です」

「なるほど。じゃあ、もし、このテープが3mだったら？」

教室に何人もの手が挙がります。しかし、私はあえて手を挙げない子を指しました。

私の授業は「ハラハラ・ドキドキ・ワクワク！」がモットー。「安全地帯」にいる子たちも、授業に引き込みます。

「…80×3＝240、２４０円です」

「お、式も言ってくれた。嬉しいな。じゃあ、５ｍだったら？」

「80×5＝400円です」

私は頷きながら、子どもたちを見回します。

私がここまで子どもたちを引っ張ったのには、理由があります。

「実はね。このテープの長さは、2.5ｍなんだ」

私は、子どもたちに5ｍを意識させておけば、４００円を2で割ったり、２ｍの値段＋１ｍの半分の値段という発想が出てくると思ったのです。

問題提示までは、問題と子どもの接点を増やして、子どもが一人で動けるようにすることが大切です。私は頃合いを見計らって言いました。

「さて、次に私は何を言うでしょう？」

「テープの代金はいくらでしょうか」

重なり合った子どもたちの声を契機に、授業は本題へと入っていきました。

授業にはできるだけインパクトを！

問題提示で、いかに子どもたちに「ハテナ」をもたせられるか。

「ハテナ」は、授業における起承転結の「起」です。「ナルホド」は結。問題の「ハテナ」と「ナルホド」を考えると、授業を組み立てるのはそれほど難しくはありません。

前述しましたが、算数は問題解決型学習を採用しています。ただ「型」に填めるだけでは通り一遍の授業になりがちですが、うまく使えば問題解決型学習でも十分おもしろくて効果的な授業を展開できます。

問題解決型学習は、一般に「問題提示」「自力解決」「共同思考」「まとめ・発展」の四つの段階に分かれています。この4段階に、「ハテナ」と「ナルホド」を織り込んだ「起承転結」を組み合わせます。

欲を言えば、授業に感動を与えるために「転」も大事にしたいところです。「転」は、「ナルホド」を盛り上げるための「ふりかけ」です。「転」の振り幅が大きければ大きいほど、「ナルホド」のインパクトも大きくなり、授業に感動を呼び込むことができます。

子どもたちにとって大切なのは、「出会い」です。人間は、インパクトが大きい出来事については、いつまでも覚えています。出会いのインパクトが大きければ大きいほど、そのことを忘れません。

三角形の内角の和は１８０度ということを、「はい、覚えなさい」と言えば、子どもたちは1分で覚えられます。授業も1分で済みます。でも、しばらくすると子どもたちはすっかり忘れてしまいます。

授業は45分間あります。45分をかけるということは、それだけインパクトを与えて、子どもたちが学んだ知識を本当に使えるようにしよう、ということです。

「転」を変える方法については、先輩や同僚、本や研究会などでたくさん手に入れることができます。「一瞬だけ見せる」や「教科書をアレンジする」「問題を発展させる」など、いろいろあります。

でも、何より大きいのは、子どもたちを見る「眼」。担任の先生が我がクラスの子どもたちをどれだけ知っているか、です。普段から子どもたちの眼を見ていれば、彼らの姿を思い浮かべるときっと大きな「転」が見つかるはずです。

まずは、「ハテナ」となる問題提示。それから、「ナルホド」となる「結」と「転」を考えると、授業により一層の厚みが出るはずです。

授業づくりメモ

◎教材と問題提示は1セットで考える
◎子どもに判断する場を設ける
◎子どもたちをできるようにしようと思いすぎないように気をつける
◎与えられた問題から子どもが解こうと思う問題（課題）に変える
◎一つの問題から次の問題へと発展させることで子どもに類推する力を育てる
◎問題提示に遊び心を加えれば、授業はよりおもしろくなる
◎問題の場面をイメージさせるために「耳で聞く」ことを意識させる
◎起承転結に「ハテナ」と「ナルホド」を盛り込むと授業に厚みが出る

コツ4

研究授業で教材をつくる

研究授業でおさえたいこと

「研究授業に当たっているので、指導案を見てください」

いろいろな学校に講師で訪れると、若い先生から相談を受けます。

私が「何をやるのですか？」と尋ねると、たまに「教科書の進路から考えるとこうなんです」とか「教科書のこの2ページをどう教えればよいのですか」といった話になります。

進路も指導法も大切ですが、まずは「先生がこの授業で何を言いたいのか」に目を向けなければいけません。

研究授業のポイントは一つです。それは、主張があるかどうか。授業に主張をもたせることは、日本中の教育現場で口酸っぱく言われていることです。

単にいい授業をしたいと思っているだけであれば、いい指導案をもってきてそのとおりにやれば済みます。脇目も振らずに、挙手している子の中から三人だけを選んで当てていれば、少なくとも指導案通りの80点の授業ができるでしょう。

しかし、研究授業はそうではありません。授業の上に「研究」という言葉がついているように、求められているのは「研究すること」です。「こういうやり方をすればどうなるのかを見る」「もしうまくいかなかったらその理由を考える」のが目的です。

ですから、研究授業には主張が必須です。主張が決まれば、あとは授業の「ねらい」とそれに迫るための「手立て」を決めます。

仮に、「およその数」で授業する場合であれば、何を学習したいのかとねらいを決めます。およその数にする必要性を感じ取らせるのか…。

そして、子どもがどんなハテナを生み出すのかを考えます。「え〜、はっきりわからないよ」という声を期待するのか、「どの位で四捨五入すればいいのかな」と迷う声を期待するのか。子どもの動きを想定するのです。

そのためには、手立てを考えなくてはいけません。およそにする場面をどうつくるのか、その問いを選択式にするのか。

「ねらい」と「手立て」を順序立てて考えていけば、自然と授業の構想はできあがってきます。

大切なのは「ねらい」と「手立て」

授業は、「ねらい」と「手立て」が決まっていれば、ある程度うまく流れます。しかし、手立てにこだわりすぎると、実際の授業で子どもたちを引っ張りすぎてうまく展開できないケースも出てきます。

例えば、立方体の展開図が何通りあるかを調べるとき。

先生は展開図が11種類あることを知っています。そのため、先生によっては子どもたちからすべての展開図を挙げさせようとしますが、この展開でうまくいった例を見たことはあまりありません。大抵は、8種類くらいで止まってしまって、残りの展開図が挙がってきません。それでも先生は、「まだあるでしょう」「ほかにもあるから考えてごらん」と子どもたちを促してしまう。静まる教室……。

先生はなんとかして子どもたちをゴールまで連れて行こうとしますが、子どもたちからすれば大変です。もう泳げないのに「あの島まで泳げ」と言われて、必死にもがいている状態ですから、とても辛い。

泳げないのであれば、少し道筋を変えてあげるといい。

「立方体の展開図。実はいろいろあるんだけど、わかるかな？　一人3つ挙げられたら大したもんだ」と言えば、子どもたちは意欲を出します。11種類だと途方に暮れてしまいますが、3種類なら見つけられそうだと思うでしょう。しかも、先生が「3つ挙げたら大したもの」と言っているだけに、子どもたちは3つ以上見つけてやろうと躍起になります。

3つ挙げられたところで、それを黒板に持ち寄ります。すると、3種類ではなく、数多くの種類が集まってきます。たくさんの展開図を目にすると、何種類あるのか考えたくなってきます。

一方、塾に通っている子どもたちは、展開図が11種類あることを知っていたりします。そんなときは、子どもたちがかいた展開図に、間違った展開図を2つほど追加して黒板に貼っておきます。

「みんな、たくさん見つけたね。おぉ、展開図は13種類もあるのか」

当然、塾に通っている子は、「え？　11種類じゃないの？」と疑問に思うはず。

私が「だって、13種類貼ってあるよ」と主張すれば、彼らは間違った展開図を調べ始めるでしょう。授業のねらいを何にするかで、展開は大きく変わります。この場合のねらいは、子どもたちに11種類の展開図を見つけさせることではありません。展開図はどの辺とどの辺が接していて、どの辺とどの辺が離れているのかを考えることを通して、垂直や平行、面と面との位置関係を学ばせたいことです。

おもしろいもので、立方体の展開図は必ずしも算数が得意な子だけができるとは限りません。計算が苦手でも、頭の中でうまく展開図を描ける子もいます。

逆に、計算は得意なのに、図形が苦手な子もいます。頭の中で辺などのつながりをうまく描けないのです。そういった子どもたちに、どう指導して図形感覚を豊かにさせるかが、ねらいとして大切なのかもしれません。間違った図形を入れておくと、結構わからないもの。実際に、立方体をつくらせてどれが間違っているのか、見つけさせてもいいでしょう。間違いを見つけた子がいれば褒められるし、その根拠を明確にすることもできます。

意欲面で考えると「11種類を見つけなさい」ではなく、「少なくとも3つ」くらいにする。知識・理解面で11種類を知っている子には、13種類出してどれが間違っているのか考えさせる。そうやって、子どもたちの力に応じた展開で指導技術を磨いていくといいのではないでしょうか。

研究授業は準備が大切

研究授業で授業者を任されると、何をやろうかと、いつも頭を悩ませます。でも、何日も教材のことばかりを考えていると、あるときパッと閃いたりするものです。そういう意味では、研究授業に当たるのも悪くはありません。

研究授業に臨むに当たって私が大切にしているのは、前日の夜です。学校全体の準備を終え、夕食を済ませた後、私は一人、夜の教壇に立ちます。誰もいない教室で、翌日の授業のイメージを膨らませるのです。授業のイメージは、机の上で指導案を書くだけではダメです。なぜなら、子どもの顔が見えないからです。いつも子どもの顔を見渡している教室で、「はい、いくよ！」と模擬授業形式で膨らませた方が断然いい。

イメージが明確になると、必ず展開で詰まるところが出てきます。指導案ではさらりと流れているところが、子どもの顔が浮かんだ途端流れなくなったりします。この発言は子どもから出てこないのではないか、という場面が見えてきます。そして、模擬授業をして見えてきた綻びをどう改善していくかが教材研究であり、指導法の研究だと思っています。

私が若い先生方にいつもオススメしているのが、導入7分間の模擬授業です。授業冒頭から7分間だけ模擬授業をしてみる、それだけで子どもの反応がある程度予想できますし、手立てを打つことができます。

7分間模擬授業は、一人でイメージしながら行ってもいいですし、先輩や同僚に見てもらってもいいでしょう。特に、先輩に模擬授業を見せることは効果的です。一般に指導案を見てもらうことが多く、模擬授業を見てもらうことはほとんどないでしょう。

何人かの先輩に指導案を見せると、皆それぞれの経験を踏まえて危ういところを指摘してきます。「ここは無謀だ」「このねらいはおかしい」…。結果、自分の個性を削られ、平凡な指導案になってしまうこともままあります。研究授業は、普段とは違う環境で行うわけですから、うまくいかなくて当たり前。でも、だからこそ、授業の中に自分が提案したいことが込められていなければいけません。

自分なりの主張や提案を薄れさせないためには、まずは先輩から授業でおさえるべきことを伺い、それを踏まえて指導案をつくって、模擬授業を見てもらうのです。失敗を恐れずに、自分の主張したいことを明確にすれば、研究授業はとてもいい勉強になります。

子どもの名前で授業をつくる

研究授業は、指導案通りに進むことなど滅多にありません。授業の後に「ああすればよかった」「こうすればよかった」と、後悔することも多々あります。でも、「うまくいかなくて当たり前」の気持ちで挑戦した方が、得るものはたくさんありますし、研究授業でしかできないこともあります。

私が先日挑戦したのは、クラスにいる四人の名前を使った、次のような授業でした。

1番・秋葉君
2番・伊藤君
3番・内田君
4番・遠藤君

以上、彼ら四人でリレーの順番を決める問題場面を設定しました。まずは、秋葉→伊藤→内田→遠藤の順。これが1回目です。2回目は、ちょっと変えます。伊藤→内田→遠藤→秋葉。3回目は……。子どもたちの声で思いつくまま順番を黒板に書いていきました。

さて、私が何をやりたいのか、おわかりでしょうか。

そうです。順列です。

平成20年版学習指導要領では、6年生に「起こり得る場合」が中学校から下りてきました。そこで、ここでは子どもたちにリレーの順番が何通りあるのかを調べてもらおうと考えたわけです。

私は「順番は何通りあるでしょうか?」という月並みな発問は控えるつもりでした。できれば、子どもたちから「何通りあるんだろう?」と言わせたかったからです。

本時のねらいは、子どもたちに何通りあるのかをすべて列挙してもらうこと。そのためには、手立ての一つとして、2回目を伊藤君から始めました。普通は、秋葉→伊藤→内田→遠藤ときたら、次は秋葉→伊藤→遠藤→内田と秋葉君を中心に順番を変えていきます。それを私は、わざと混乱が起きるような例示を出しました。

もう一つの手立ては、名前を書いたカードを用意せずに板書したことです。そうすることで、子どもたちは書くのが面倒になり、名前を記号に変換する子が出てくることを期待しました。

秋葉、伊藤、内田、遠藤ですから、アイウエに変えられます。あるいは、最初に番号を振っているので、１２３４とも変えられる。記号化や数値化すれば、列挙するのは随分と楽になります。

私はこれまで子どもたちには、工夫する力を育ててきたつもりでいます。だからこそ、彼らには名前を記号化や数値化してもらいたいと思っていました。

最後に、私はもう一つ企んでいたことがありました。それは、人数を一人増やすこと。私のクラスには、「岡島」という姓の子がいました。

「岡島君、何か不満そうだね。あ、君も入れてほしいのか。じゃあ、五人で試してみよう」

私がそう言うと、子どもたちは「え〜」と面倒くさそうな顔。もう一度最初から数え直さなければいけないと思っているからです。

逆に、私は子どもたちの顔を見てしてやったり。子どもたちに「もう一度最初から数えるのは面倒くさい」と思わせるのが、私の本当のねらいだったからです。

おわかりの方もいるでしょうが、人数が五人に増えたからといって、また最初から数え直す必要はありません。四人で数えたことを生かせば、列挙する手間はかなり省けます。タネ明かしすると、四人のときにつくった樹形図に、岡島君だけを移動させて入れていくといいのです。

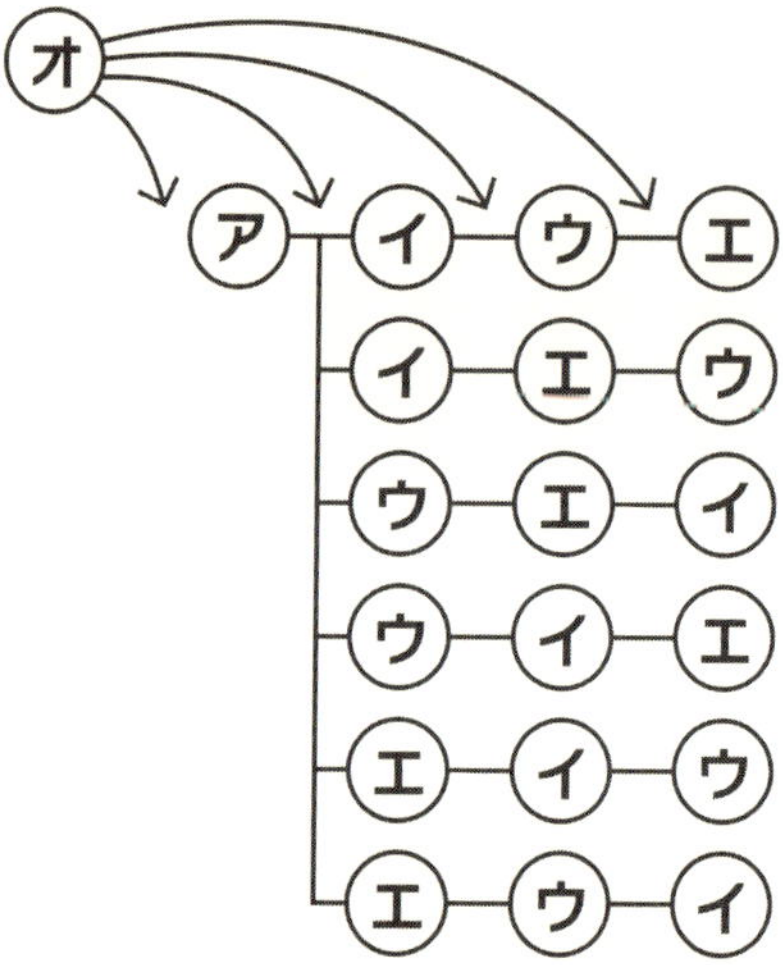

計算するのであれば、24通りを5倍するだけ。答えは、１２０通りです。

教室以外だからできる授業

この授業は「場合の数」の第2時として、学校講堂の舞台上で行いました。こんなところで授業ができるのも、研究授業の醍醐味の一つです。

講堂には、舞台に上がるための階段が設置されています。私は子どもたちの前で階段を上って見せました。

まずは1段ずつ上ります。続けて、1段飛ばし。

「2段飛ばしは先生には辛いから」と言って、子どもたちには1段ずつと1段飛ばしの2通りの上り方があることを示します。もし段数が2段しかなければ、上り方は1段ずつと1段飛ばしの2通りしかありません。

ここで問題です。

「段数が3段の場合、上り方は何通りあるでしょうか？」

私はこれを遊び半分で実演しながらやりました。

子どもたちの手が挙がります。

「3通りです」

「本当に?」

「はい。1段ずつ、1段と1段飛ばし、1段飛ばしと1段の3通りです」

この程度であれば、子どもたちはすぐに答えます。

「では、4段の場合は?」

実は、講堂の階段は5段まであります。この時間では、5段の階段の上り方が何通りあるかを子どもたちに解かせるつもりでした。

5段のときの答えは、8通りあります。調べるとわかりますが、すぐにわかる方法としては、前とその前の数をたすといい。

4段の5通りと、3段の3通りをたすと、答えが導き出せます。

さらに段数を1段増やして6に設定した場合は、8+5で答えは13となります。クラスの子どもたちは、このカラクリには気付きましたが、残念ながら理由までは説明できませんでした。

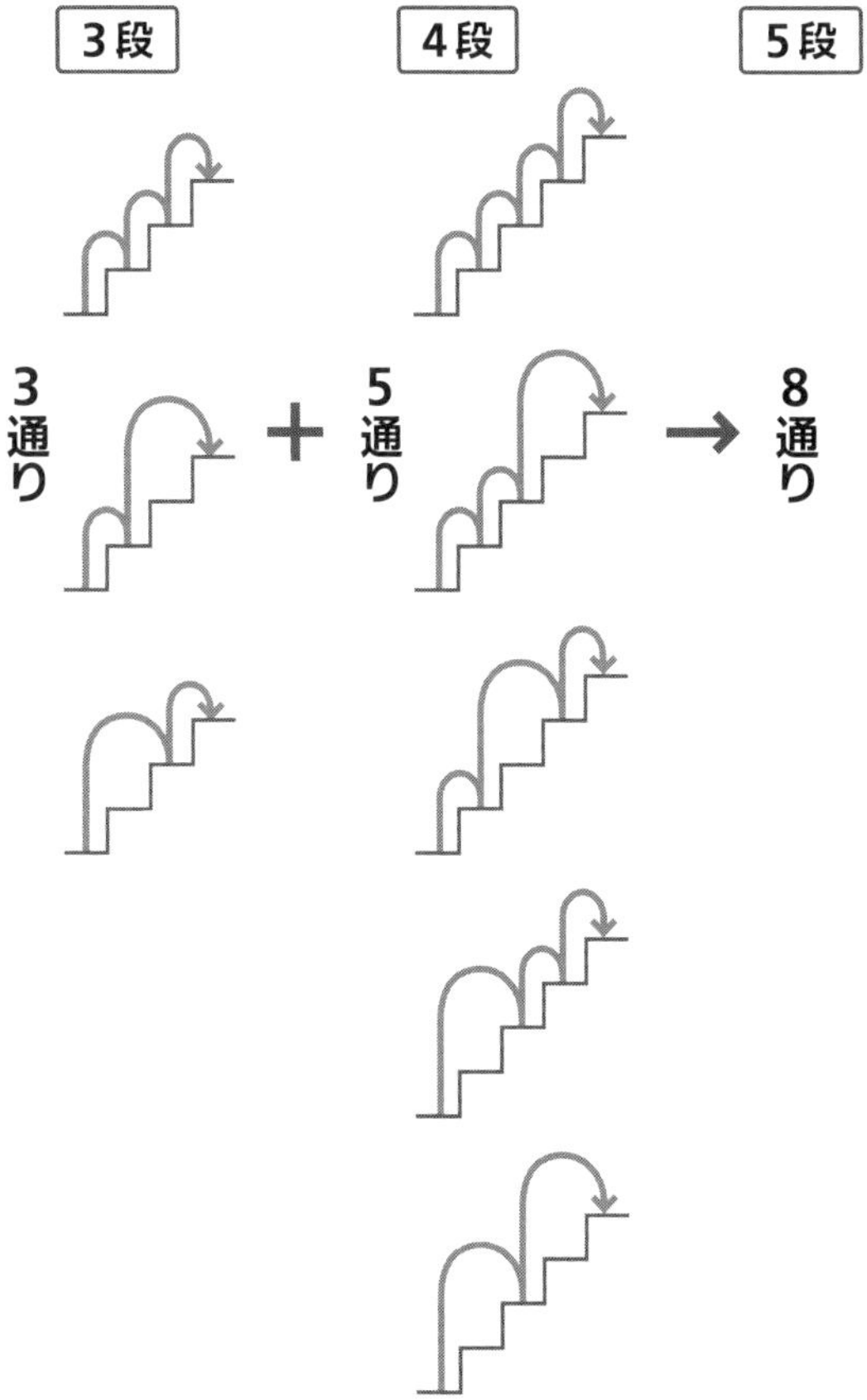
3段
4段
5段
3通り
+
5通り
→
8通り

論理的にはさほど難しくありません。5段の場合は、4段目から1段上って5段目に到達するのと、3段目から1つ飛ばしで5段目に到達するのを考えればいい。

子どもたちは、いつも1段目から順に数えていましたが、視点を5段目に変えれば、5段目へは4段目から1つ上るか、3段目から1つ飛ばしで上るかの2通りしかありません。

実はこの解法は、ある数と符合します。それは、フィボナッチ数。フィボナッチ数とは、前の二項の和が次の項になる数のことで、ウサギの番やヒマワリの種の並び方など、自然界のいたるところで見られる不思議な数です。

子どもたちには、フィボナッチ数の仕組みに気付かせて論理を引き出したいと思っていました。

もちろん、フィボナッチ数は、学習指導要領には記載されていませんし、学習する必要はありません。本時の授業でおさえたいのは、あくまで記号化、数値化すること。そして、記号化を生かして、視点を変えて問題をとらえることができるかでした。

しかし、できれば数の不思議や美しさも子どもたちに感じてもらえればいいな、と思って教材化してみました。

表現力とは、相手を見て自分の考えを伝える力

最近では、様々な研究授業のテーマに「表現力」という言葉が使われています。表現力は、平成20年版学習指導要領が告示されて以降、話題になっているテーマの一つです。

では、表現力とはいったい何でしょうか？

私は表現力とは、「相手を見て自分の考えを伝える力」だと考えています。

以前、私はＪＩＣＡ（国際協力機構）の仕事を受けて、メキシコで授業をする機会がありました。メキシコは、スペイン語が公用語です。

私はスペイン語が話せませんでしたが、現地の子どもたちと仲良くなるために、挨拶の言葉と「日本で知っているものは何ですか？」という意味のスペイン語を必死に覚えて披露しました。

すると、子どもたちからはスペイン語の雨あられ。彼らは、私がスペイン語を話せると誤解して、まくし立てるような速さで話しかけてきたのです。子どもたちに圧倒された私

が思わずつぶやいた言葉は、「Oh, I don't know!」。つい、英語で答えてしまいました。

しかし、おもしろいもので、子どもたちは私がスペイン語を話せないとわかったら、今度は私に向かってゆっくりはっきりと話し始めてくれました。そのとき、私が感じたのは、相手を見て自分の考えを伝える大切さでした。

日本における表現力は、どちらかというと、形から入ってしまう傾向にあるように思います。「○○君の意見に賛成です。なぜならば…」と、先生から指導された形式に則って発言することが重要視されている気がします。しかし、本当は、相手を意識する力が大切なのではないでしょうか。

ですから、先生が「え？」「本当？」と聞き返すことで、子どもたちが論理を話したくなるように仕向けたり、「みんな、○○君の言うこと、わかった？　わからないよね。じゃあ、わかるようにするには、前に出てきてもう一度説明してもらおう」と、伝える対象者を明確にするようなちょっとした工夫を織り込んでいくといいのかな、と思います。

ちなみに、メキシコの子どもたちが知っている日本のものは、「ナルト」や「ピカチュウ」でした。メキシコでは、日本のアニメが24時間放送されているそうです。私はてっきり「富士山」や「相撲」だと思っていたので、ちょっと拍子抜けしてしまいました。

間の取り方も相手次第

もう一つ、表現力について考えさせられたエピソードがあります。

筑波小では、自分で企画書さえ出せば、クラスに講師を招くことができます。私は以前、パントマイミストを招いて、子どもたちの前でパントマイムをしてもらったことがあります。

あるとき、国語科の先生が、落語家を招いたことがありました。私はおもしろそうだと思って、彼の授業をそっと見学しました。

その日の授業のテーマは「間の取り方」。子どもたちの間の取り方を見て、落語家から一言いただこうという趣旨です。

子どもたちの間の取り方の授業を見終えた落語家は、ニコニコしながら言いました。

「皆さんの間の取り方は、素晴らしい。『ここで一拍』『ここで二拍』と、きちんと間を取っていました。それはとても大切なことです。ただし、私はそういった間の取り方はしません」

話を聞いていた子どもたちは、「え？」という表情を浮かべます。私も子どもたちの間の取り方を評価していたので、「え？」と思いました。

落語家は子どもたちを見回して言いました。

「私の間の取り方は、実はお客様の目を見て取っています」

なるほど、と思いました。

例えば、子どもたちを前に「寿限無」という早口言葉を題材にした噺をするときは、「寿限無寿限無五劫の…」と思い切り速く言います。そうすると、子どもが喜ぶからです。しかし、お年寄りを前にしたときは、逆に噺を理解してもらうために、大きな声でゆっくりと言うでしょう。つまり、同じ演題でも聞く人によって、間の取り方を変えるというわけです。

私はそのとき、授業も同じだと思いました。出来合いの指導案を使って授業を展開しても必ずしもうまくいきません。大切なのは、子どもの目を見て、その子に適しているかどうかを確認しながら授業を展開することです。そして、このことは子どもたちにとっても、大切な力として身につけさせたいと思いました。

言葉、式、図の大切さ

私もいろいろな学校で授業をさせていただく関係で、表現力をテーマにした授業を行うことがよくあります。

ある学校で飛び込み授業をしたときも、テーマは表現力でした。そのときに担当したのは、5年生。内容はトピック教材で構わないとのこと。私は子どもたちに表現力を身につけさせることを念頭に、授業に臨みました。

元気いっぱいの子どもたちの前で、私は自己紹介して黒板に日付を書きます。

「今日は問題を一題もってきました」

そう言って、問題を書いた画用紙を一瞬だけ見せます。

「何が書いてあるか見えたかな？」

「三角形が見えました」

「お、目がいいね」

私は常日頃から、授業に「ハラハラ・ドキドキ・ワクワク！」があるといいと思っています。そのための一つの手立てとして、全員を指名することを宣言します。子どもたちが「安全地帯」にとどまらないようにするのです。特に、算数が苦手な子は必ず指名します。ただ、苦手な子をさらに苦手にさせるわけにはいきませんので、指名するときは答えやすい問題にするなど若干の配慮が必要です。

私は、授業前のコミュニケーションで算数に消極的な子を把握していたので、ここでもその子たちを中心に尋ねていきました。

「どんな三角形だった？」

「……黒と白の三角形」

「うん、よく見ているね。ほかには。君は何か見えた？」

「細かい三角形が段になっている」

「もっとよく見ているね！　じゃあ、もう一度見せるよ」

私はもう一度、一瞬だけ画用紙を掲げます。子どもたちは「もっと長く見せて」と要求してきます。

「仕方ないな。じゃあ、5秒だぞ」と言いながらやると、子どもたちはもう見逃すまいと真剣に画用紙を見ます。

「では、今から問題を書くよ。黒と白の三角形が並んでいます。黒と白、どちらが多かったでしょうか」

「はい、はい！」と一斉に子どもたちの手が挙がります。

「黒が多い」

「白だよ」

「もしかして同じ？」……。

答えの候補として、必ず三つは出てきます。中には「わからない」や「もう一回見せてください」という声も。そこで、「実は同じ図がかかれたプリントを用意しているんだ」とプリントを配りました。

少しだけ時間を取ってから、子どもたちに尋ねます。

「どちらが多い？」

「白！」

「絶対？」

「はい。白が15個、黒が10個でした」

「なるほど。いい説明だね。ほかに説明できる人は？」

「はい！　15－10＝5で、白が5個多いです」……。

この授業におけるねらいは、子どもたちが自分の考えを言葉や式、図で表現することの大切さを勉強すること。教材はなんでも構いません。とにかく表現力を身につけさせることに重点を置きました。

「算数は、答えを出すだけではダメ。みんな頭がいいから答えはすぐに出せる。でも、自分の考えをどうやって友達に伝えられるか、それが算数のもう一つのねらいだよ」

私が「本当に15？」と聞けば、誰かが説明してくれます。

「ここに1個あって、ここに2個あるから…」

あるいは、式で説明してくれた子もいました。私はその子の式を板書します。

「式にすると、1＋2＋3＋4＋5＋6＋7…」

唖然とする子どもたち。

「もしも〜し。誰か、止めてくれよ」と私。ここでちょっとした笑いが起きます。でも、これは「黒板をちゃんと見てください」という私なりのメッセージです。

「先生はね、間違えて書いてしまうこともある。もし気がついたら、遠慮なく言ってほしい」

そう子どもたちに言うと、先生が間違えたときに彼らはきちんと指摘してくれます。

私の学校では、教室の後ろで研修生やほかの学校から来た先生が見学していることが多く、板書を写真に撮られたりします。そんなとき、誤字・脱字があったらみっともないでしょう。ですから、私は子どもたちに「間違っていたら教えてね」と言っています。そういう意味では、私の師匠は子どもたちなのかもしれません。

「先生は字の書き順もプロ。絶対間違えない…はず」なんて言いながら、結構間違えています。すると、子どもたちから「先生、今の字、もう一度書いてください。間違っています！」と厳しい指摘が飛んできます。うっかり下手な字は書けないな、と思いながらも、子どもたちと一緒に学んでいる気がして結構楽しいです。

さて、問題の図は5段までです。

黒は1＋2＋3＋4＝10で、白は1＋2＋3＋4＋5＝15なので、15－10＝5となります。

式にした後、私は子どもたちを見回して発問します。

「差が5個なのはわかったけど、どこの5かな？」

図の中で、白が5個多い部分はどこかと聞いたのです。

子どもたちからの意見で多かったのは、一番下の段でした。でも、なぜかと聞くと、何人かが首をひねります。

私はここで「隣同士で相談してごらん」と言いました。

このところペア学習が流行っていますが、これは気をつけなければいけません。というのも、ペア学習にすると先生はつい気を抜いてしまいがちだからです。

たまに目にするのが、ペア学習を始めた途端、黒板を消し始める先生。しかし、ペア学習で大切なことは、子どもがどう動くかをしっかり見ていることです。特に、算数が一番苦手な子がどう動くか。その子が動くかどうかが勝負になってきます。

もし、算数が苦手なA君が隣のB君から丁寧に教わったら、A君は息を吸って「わかった！」という顔になります。先生がその姿を見ていれば、取り上げることができます。

「今ね、A君はわからなくて悩んでいたと思うんだ。でも、すごいよ。勇気を出してB君に聞いたんだよ。わからないときに人に頼むのはとても勇気がいることなんだ。B君もすごい。図をかいて丁寧に説明したから、A君は息を吸って『わかった！』と言ったんだよ。B君、君の説明はきっと上手だから、前に来て説明してよ」

B君は、気分よく出てきて説明してくれるでしょう。

ペア学習は、苦手な子がどう動くのかを観察する絶好のチャンス。これを失ってはもったいない。ですから先生は、どの場面でどういった形でペア学習にするのかを見きわめながら、そのチャンスを十分に生かすといいと思います。

ちょっと脱線ばかりしていますが、授業に戻りましょう。

ヒントは黒板に残してあります。そう、1＋2＋3＋4は10を探せばいい。黒はそのまま。白は一番上から見ていけば、ちょうど1＋2＋3＋4＝10になります。つまり、上下の白と黒をペアにすると、一番下の段の白5個がちょうど余るわけです。

$$1+2+3+4+5=15$$
$$1+2+3+4=10$$

$$1+2+3+4+5=15$$
$$1+2+3+4\quad=10$$

机間巡視しているときに、ある子が別の考えをメモしていたので、それも取り上げました。その子は、左右の白と黒をペアにして、一番上から右側の白を5個残していました。

トピック教材ですから、知識・理解面の内容は薄いかもしれません。しかし、言葉、式、図の大切さ、そして式を読むと新しいものが見えてくるという授業は、これまであまり行われなかった気がするのですが、いかがでしょうか。

同じ教材を別の学年で使う

さて、この教材は、実は別の学校では4年生を相手に授業しました。5年生では「きまり発見」でしたが、4年生では「変わり方」にアレンジしてみました。

大きく変えたところは、問題提示の仕方。先ほどは全体を一瞬だけ見せていましたが、今度は全体を別の紙で隠して、一番上の三角形から一段ずつ見せていきます。ポイントは、半分くらいまで見せたらサッと隠すこと。嫌な性格だなんて言わないでくださいね。

あとの展開は同じです。

式で表すと、段の数が答えになっていることに子どもたちは気付きました。あるいは、一番下の段の白や右側の斜めの白を数えれば答えが出ることもわかりました。

最初からいきなり問題を提示されると、子どもたちは「わっ！」と戸惑ってそのまま解けない場合も多い。ですから、子どもたちが取り組みやすいように、提示の仕方をちょっと工夫してあげるといいでしょう。

ちなみに、この学校でも私は「1＋2＋3＋4＋5＋6＋7…」と式を書き続け、子どもたちから制止の声を待ちました。子どもたちは笑って、授業も和気藹々で進めることができました。

授業の中にちょっとした笑いがあると、より楽しくなります。図形遊びでもただ「はい、仲間分けをします」「それは違います」…と淡々と進めても楽しくならないでしょう。たとえ答えが合っていても「本当かな？　先生は違うと思うけれど」と言えば、子どもたちは口を尖らせて反論してきます。

ちょっとした工夫と笑いが、授業をより楽しくするのです。

式を読ませる活動

表現力を育てるためには、子どもたちに式を読ませることも大切です。
先日考えたのは、面積の問題です。

【問題】

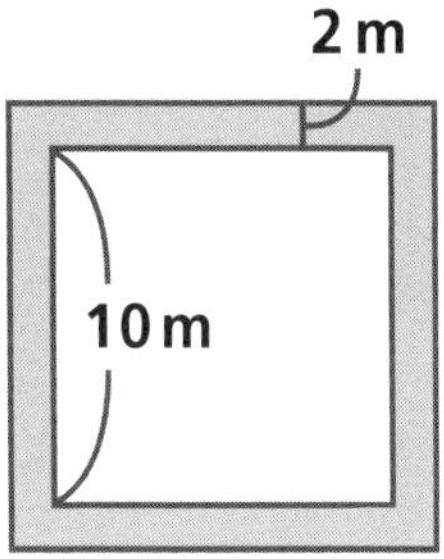

一辺が10ｍの正方形があります。
このまわりに幅が２ｍの道をつくります。
さて、できた道の面積はいくつでしょうか。

答えは、14×14＝196、10×10＝100、196－100＝96で96㎡です。

14というのは、道幅を含めた縦と横の長さ。これをかけた面積から、最初の正方形をひいた数が答えになります。

この問題で私は、子どもたちに式を読む活動をさせたいと思っています。先の式が子どもたちから出れば、正解ですがちょっと不満。できれば、14×14－10×10＝96と一つの式でまとめたいところです。

指導のポイントとしては、子どもの言うがままにするのではなく、子どもの反応を価値づけてあげることです。

「式まで書いてよくできたね。でも、もう少しみんなにわかりやすいといいな」とか「先生はこの式だとちょっと不満だな」などと、価値づけてあげながら、子どもたちに一つの式にする癖をつけさせてあげるのです。

ほかの解法としては、12×2×4という式もあります。12×2で一辺の道幅を出してその四つ分です。

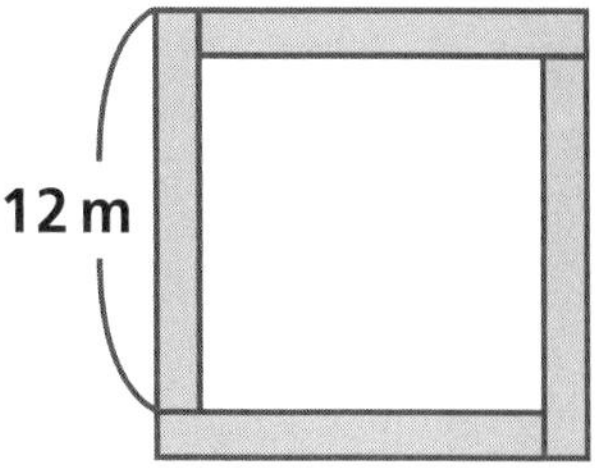

あるいは、12×4×2はどうでしょうか。

「この式の意味がわかりますか？　わかりづらい？　じゃあ、隣同士で相談してみよう…」というのが授業です。子どもたちの頭の中に「ハテナ」が出てきたら、皆で相談する時間をつくってあげます。

この式は、道の真ん中に線を引くと一辺が12ｍ。これが４本あるので４をかけます。幅が２ｍなので２をかけると面積を出すことができます。

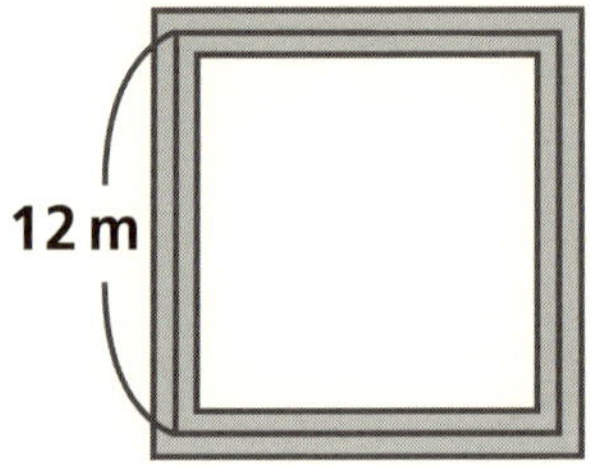

道の中心線×道幅で求められるのですが、この考えは子どもたちからは出づらいかもしれません。でも、なんとか子どもたちに気付かせたい。いきなりは出てこないでしょうから、こちらから「12×4って何？」と式を読む活動を通して、気付かせられたらどうかなと思いました。

「12の長さって何かな？」と考えることで、片側だけ余分にとった線なのか、真ん中の線なのか…といろいろ考えさせることができます。

中心線×幅というのは、実はどんな形でも求めることができます。正方形でも長方形でも平行四辺形でも、S字形でも求められます。最初は正方形で取り組み、次に活用問題としてS字や扇形に挑戦してもいいでしょう。

式を読むというのは、算数で人と会話するときにとても大切なことです。画用紙を渡して、一人の子に図と式を書かせて口頭で説明させるのもいいですが、それではほかの子どもたちがじっと聞いているだけで終わってしまいます。

そうではなく、誰かに式を出させてそれを皆で考えていく場をたくさん用意するといいでしょう。算数だからできること。言葉ではなく、式で話ができるよさ。そういったことも子どもたちには気付かせたいものです。

授業づくりメモ

◎研究授業はおもしろい教材が閃くチャンスととらえる

◎授業のイメージを膨らませるには、模擬授業をするとよい

◎授業では「ねらい」と「手立て」を重視する

◎研究授業は「うまくいかなくて当たり前」という気持ちで臨む

◎表現力とは相手の目を見て伝える力のこと

◎授業にはハラハラ・ドキドキ・ワクワクが大切

◎ペア学習は、苦手な子の動きを観察する絶好のチャンス

◎式を読ませることで、子どもの算数の会話力を上げる

コツ5

算数好きを育てる

年賀状にもおもしろ問題⁉

算数好きの子どもを育てたい——。

そう思って日々を過ごしていると、授業だけではなく、ホームルームや休み時間、ときには、学校生活以外のときにでも子どもたちに算数問題を出したりします。

○＋△＝97　○－△＝37

では、○×△は、
いくつになりますか？

上の問題は、子どもたちへの年賀状にプリントしたもの。「年賀状にまで算数！」と驚かれるかもしれませんが、意外と子どもたちには好評です。ただ「明けましておめでとうございます」の挨拶文だけで済ませるよりも、ちょっと工夫して子どもたちを楽しませようと思ってつくりました。

どうでしょう。答えがわかりますか？

連立方程式を使えば難なく解けますが、小学生には未習の内容です。でも、◯と△をバナナやリンゴに置き換えれば、小学校でも十分通じる問題です。

「バナナの値段とリンゴの値段をたすと97円。バナナの値段からリンゴの値段をひくと37円。では、バナナの値段とリンゴの値段をかけるといくらになりますか？」とすれば、問題をイメージしやすいのではないでしょうか。

解き方としては、97と37をたして2で割れば、バナナの値段を求められます。バナナの値段がわかれば、必然的にリンゴの値段も導き出されます。

バナナが67円で、リンゴが30円。答えは、67×30＝2010です。

そうです。この年賀状は、２０１０年に出したものです。

私は答えを２０１０にしたいと思っていました。そこで、２０１０を分解してみると、10と２０１に分かれます。２０１を３で割ると67になります。あとは、10に３をかければ、67×30＝2010の完成です。

子どもたちは、元旦に私の年賀状を受け取って、すぐに解いたのでしょう。終日、自宅のＦＡＸの受信メッセージが鳴り止みませんでした。

日常にも少しばかりの算数を！

皆さんは、ジャマイカという教具をご存じでしょうか。

ジャマイカとは、計算問題用の教具。ヒトデのように出っ張った先には白いサイコロが5つと黒いサイコロが1つ、さらに中央にも黒いサイコロが1つ取り付けられており、楽しく計算練習をしたいときに重宝します。

使い方は、簡単です。ジャマイカを手のひらで転がして、サイコロの目を出します。普通のサイコロの10倍の目の数がついた中央の黒いサイコロと端の黒いサイコロの2つの目の数をたした数を、白いサイコロの目の数で表す計算式を考えます。

計算は、たしてもひいても、かけても割っても構いません。計算する順番も自由。よく「メイク10」といって、切符などに印字された数字で10をつくるゲームがありますが、原理は同じです。

ジャマイカ。黒いサイコロが問題になる。
24を3、1、4、4、6で計算するには…。

例えば、中央のサイコロが20、端の黒いサイコロが4だとすると24です。この24を残りの白いサイコロの目の数で計算式に表します。まわりのサイコロの目が、3、1、4、4、6だとすると、4－3＝1、1×1＝1、1×4×6＝24となります。

私はこのジャマイカを使って、遊び感覚で問題をつくったりします。

「1、5、3、3、6を用いて、53をつくりましょう！」

クラスの子どもたちは、問題を出した途端、我先にと言わんばかりに計算し始めます。

「できた人は？」

「はい！」

「どんな式になった？」

「（6＋3＋1）×5＋3」

答えとなる式は、一つとは限りません。ほかの式を見つけた子も手を挙げて発言したりします。

私はジャマイカで、ある数をいくつに分けたらよいか、どう見たらよいかできるようにするために、「今日のジャマイカ」などと銘打って毎日出しています。

「先生は、ジャマイカのプロ。先生よりも速く計算できるかな？」

実際、私は毎日やり続けているので、計算するのがとても速いのです。子どもたちの闘争心にも火がつきます。

ジャマイカは気軽に使えるので、テスト以外でも朝の時間に扱ってもいい。先生と子どもたち、どちらが速く計算できるかを勝負すると、クラスは盛り上がります。

あるいは、教室に1つ置いておくだけでもいい。子どもたちは、休み時間などに遊び始めます。

計算にこういったゲーム感覚を取り入れると、子どもたちも楽しく取り組めますし、計算力も格段に上がります。

最後に、とっておきの一題を。

「6、6、6、6を用いて、66をつくりましょう！」

私が「これが解けたらすごい！」と盛り上げると、教室中に「おぉ！」というやる気が漲った声が挙がって、すぐに静かになります。

答えは、6×6＋6×6－6＝66です。

答えは一つだけではないので、皆さんもほかの答えを考えてみてください。

ただの計算問題もやり方次第で楽しくなる

子どもたちに計算力をつけさせようと思うと、どうしても教科書に掲載された問題や計算ドリルをやらせるだけになりがちです。その結果、子どもたちは機械的に問題に取り組むようになったり、算数嫌いになったりします。

しかし、年賀状の問題やジャマイカのように、ちょっとゲーム性をもたせてあげると、ただの計算問題でも子どもたちはおもしろがって取り組んでくれます。

別に問題を複雑にする必要はありません。例えば、1から9までの数カードを提示して、子どもにその中から4枚引かせます。いくつのカードが出るのかは、引いてみるまでわかりません。

そして、4枚のカードに書かれた数で、2桁のひき算をします。

問題の意味がわかりづらければ、最初は先生が実演してみせるといいでしょう。

4枚のカードの数は、6、2、8、3と出ました。

6　2　8　3

仮に式を立ててみると、63－28＝35となりました。簡単ですね。ただ、この4枚のカードであれば、36－28＝8や86－32＝54など、別の式を立てることも可能です。

そこで、もう一つルールを加えます。

それは、「引いたカードの中で答えが一番小さくなる式はどれか？」です。

ゲームのルールを子どもたちが理解したところで、もう一度みんなでやってみます。この問題がおもしろいのは、どんな数が出てくるのかがわからないこと。先生もわからないので、子どもたちと一緒に計算しなければいけません。

先生はいつも問題を与える側なので、答えを知らないという場面に遭遇することは滅多にありません。クラスで唯一ハラハラしない「安全地帯」にいます。ですから、たまには子どもと同じ立場に立つのも悪くないと思いませんか。

子どもたちも、先生が一緒に考えてくれたり、必死で計算する姿を見るとすごく親近感を覚えてくれます。単純な2桁のひき算問題も、アレンジ次第でおもしろくなります。

算数探しを楽しもう

算数は、ほかの教科と比べても比較的教えやすい教科です。理由は、前述した通り。算数は、かつては算数の専門家にしかできない名人芸のような技術が必要でしたが、今は問題解決型の指導法を用いれば、誰にでもできます。

問題を提示し、自力解決を図り、皆で話し合ってまとめる。教科書に従ってこの四つをおさえれば、ほぼすんなり45分にまとめることができます。問題解決型は、理科や国語、社会でも適用されていますが、算数が一番シンプルです。

内容についての基礎・基本は、知識・理解、技能、数学的な考え方、関心・意欲・態度という四つの観点に基づいています。

さらに具体的な内容に言及すると、数と計算、量と測定、図形、数量関係という四つの領域があります。

指導法の基礎・基本と内容の基礎・基本。この二つが合わさって授業は展開されているのですが、私の感覚ではこの10年はずっと指導法に重点が置かれていたように思います。

指導法はもちろん大切ですが、内容も疎かにしてはいけません。昔は、子どもにどんな力を育てたいのか、と言ったときに先輩が口うるさく指導してくれたものです。今は、先輩との交流が少なくなってきたのであまり言われなくなりましたが、本当はきちんと研究した方がいいと感じています。

例えば、数と計算で大切な力は、演算決定の力です。「たし算でできるのかな?」「なぜ、たし算なのかな?」という疑問に答えられる力。「だって、合わせるからたし算だよ」などと子どもが理解したうえで答えられるかどうか。その力を育てなければいけません。

高学年の子どもたちは、分数の乗除の問題などは、雰囲気で解いている子がいます。「どうして、わり算にしたの?」と尋ねても、口ごもって「そうだもん」としか言えなかったりします。ですから、先生は演算決定する力を育てるためにはどうしたらよいかを考えなくてはいけません。

数と計算では、ほかにも育てたい大切な力があります。計算の仕方を考えたり、説明したりする力もそうです。考えるだけではなく、それを人に説明する力です。

あるいは、計算のきまりを使いこなす力。そして、数の仕組みの理解や数の感覚を豊かにすることも大切です。

こういったことは学年に応じて変わるものではなく、学年を通じて教えていきたい事柄です。

4年生の分数の導入の時間で、私は子どもたちに豊かな数の感覚を身につけさせたいな、と思い分数探しを行いました。身の回りにある分数を探してくるという単純なものです。

「できれば、写真を撮ってきてくれると嬉しいな」

翌日、子どもたちは様々な「分数」を持ってきてくれました。

一番多かったのは、バターやマーガリン。あとは、マヨネーズもありました。スーパーに行けば、$\frac{1}{2}$（ハーフ）や$\frac{1}{4}$カップなど、カロリー減を謳う食品がたくさん並んでいます。

おもしろかったのは、『ハリー・ポッター』で見つけた分数。お好きな方はすぐにピンと来たでしょうが、主人公のハリーたちが魔法学校へ行くときに向かう列車が、ロンドンのキングス・クロス駅の$9\frac{3}{4}$番線にあるのです。子どもが持ってきた映画の静止画写真を見たときは、思わず「そう来たか！」とつぶやいてしまいました。

　また、分数は時計を意識させるのもいいかもしれません。時計には、分数がいくつか使われています。バスケットやサッカーなどでは「ハーフタイム」とか「クォーター」とかよく耳にするでしょう。１つの試合を1時間と見れば、ハーフは30分です。

　授業では、分数を馴染み深くするためにピザなどに目が行きがちですが、時計の方がよくわかります。私はテストをやるときなど、「時計を見るとわかりやすいよ」とアドバイスすることもあります。すると、子どもたちは皆一様に教室の時計を見つめています。

　平成20年版学習指導要領では、分数が２年生から入ってきます。きっと、多くの研究教材が出てくるでしょう。

　身の回りから算数を探す活動はやってみると、とても楽しいです。分数探しのほかにもデシリットル探しなどもおもしろい。デシリットルという言葉は、最近ではあまり耳にしませんが、「デシリットルを探してきてよ」と投げかけると、意外と見つかるものです。

　私は遠足で行った鎌倉の豆屋さんで見つけました。豆をデシリットル升で量り売りしていたのです。こういうのを見つけると、結構感動します。

　遊びを交えながらでも、子どもに育てたい力を考える。それが、内容の基礎・基本にも繋がってくるのかなと思います。

身の回りの話題からも算数!?

ある年の9月。長い夏休みが終わって最初の授業のことです。

6年生の教室で、私は黒板にある数字を書きました。

「9．58」

振り返って、子どもたちの反応をうかがいます。皆、最初は無反応でしたが、一人が
「あ！」と声を挙げました。

「わかった？ さすがだね。先生と気持ちが通じているんだね」

しばらくすると、何人かの子どもがわかった様子。とは言っても、私のクラスの子どもたちは、すぐに答えを口にしません。まだわかっていない子たちの楽しみを奪わないためです。ですから、気がついた子たちは、頷くだけ。

次に私は、「9．58」の下に「10．00」と書きました。頷く子どもが増えます。実は、「9．58」とは、その年の世界陸上の100m走で更新された世界記録です。その年

の夏に開催され、随分と話題になりました。そして隣の「10．00」は、日本記録です。子どもたちに答えを明かすと、記録を知らなかった子どもたちから「あ〜！」とか「へぇ〜」という声が挙がりました。

こうして他愛もない会話から、授業が始まりました。それにしても、この二つの記録。いったいどれくらい速いものなのでしょうか。

私は子どもたちに、「どれくらい速いんだろう？」と尋ねます。

「時速で考えてみるといいんじゃないですか？」と子どもが言いました。

早速、子どもたちは計算し始めました。このとき、私は彼らの様子を観察します。というのも、彼らが世界記録と日本記録、どちらから先に計算しているかを見るためです。「9．58」と「10．00」であれば、後者を計算した方が間違いなく楽です。日本記録は、秒速10mですから、秒速を時速にすると、60×60×10＝36,000で36kmであることがわかります。

自動車よりもちょっと遅くて、自転車よりも速いことがわかります。律儀に順に計算するよりも、わかるところから計算する。およその数で考える。そういう子どもに育てたいなと思っています。

本当の算数好きの子を育てる

授業をおもしろくするのは、簡単です。ゲームを取り入れたり、踊りを踊ったりすればいい。ただし、それでは算数本来のおもしろさを味わわせていることにはなりません。

授業の前半が盛り上がっても、後半になると失速して静かになる授業は、必ずしも算数がおもしろいわけではありません。先生の導入の工夫がおもしろいのです。

もちろん、算数のおもしろさを味わわせるきっかけとして、導入を盛り上げるのは非常に大切です。「我がクラスの子どもたちは、算数が嫌い。食いついてもくれない」というときは、子どもたちを引き寄せなければいけません。食わず嫌いにさせたままでは算数好きにはできないので、まずは口にするところまではもっていきたい。そのための手立てを考えるのは、先生の役目です。

子どもに「お、何かおもしろそうだな」と思わせるために、先生はあの手この手を用います。しかし、授業の途中からは、算数のおもしろさを味わわせるべきです。

また、子どもは担任が力を入れている教科は自然と好きになります。しかし、それでは先生が替わった途端、嫌いになってしまう可能性があります。「自分が慕っている先生だから算数が好き」ではなく、「先生が替わっても算数が好き」という子に育てなくてはいけません。

私は、人から教わるのではなく自ら学ぶ子に育てたいと思っています。先生の影響が少しずつ薄れていって、自分自身で問い続ける子に育ってほしいと思っています。そのためには、授業のおもしろさを算数のおもしろさに変えていく、といった授業力を身につけなければいけません。

授業力を身につけるためには、前にも述べたようにまず先生がその教科を好きになることが必要です。算数好きの子を育てたければ、まず先生が算数を好きになって、算数を楽しむ心をもつといい。先生が楽しそうに教材づくりに取り組んだり、授業している姿を見れば、子どもたちもきっと算数を好きになります。少なくとも、嫌いにはなりません。

これだけで授業がいつもうまくいくわけではありませんが、少なくとも先生の授業力は格段に上がります。授業力が上がれば、もっと授業が楽しくなって、もっと教材開発に力を入れるようになって、本当の算数好きの子どもたちが増えるはずです。

授業をもっと楽しく魅力あるものに

以前、ある雑誌に「授業をもっと楽しく魅力あるものに」というテーマのもとに寄稿しました。具体的な内容としては、算数好きにするためのポイントを七つ書いています。せっかくですから、ここでも少し紹介させてください。

一つ目は、どんな子どもに育ってほしいか、というビジョンをもつこと。私は授業づくりでは、これが一番大切なのではないかと考えています。

ビジョンをもっていれば、子どもたちを褒めることができます。褒めることで先生の価値観を伝えることができる。「ノートを綺麗に書く子になってほしい」「たくさん発言をしてほしい」という、子どもの育ってほしい姿をどれだけ明確にもっているか。そして、そのために「自分はこういった授業をしたい」という想いをもっているかが、授業づくりのポイントとなります。

私は年齢を重ねるに従って、いろいろなテクニックを身につけることができました。テクニックを身につけると、反応してほしい場面で何も反応しないと、子どもにダメだと言えるようになりました。

「2×4は、2+2+2+2+2+……」と黒板に書いたときに、子どもに「先生、書きすぎ！」と止めさせないといけません。止めないということは、黒板を見ていない証拠、先生の間違った板書をそのまま写してしまう子になる可能性があります。

ですから、わざと板書を間違えて「ここで何かを言えないクラスは信じられないな」と言ったりする。そして、これが子どもたちと仲良くやっていくコツへと繋がります。

いつも先生が与えて子どもが学んでいくのではなく、子どもとともにつくっていく。

「先生だって間違えるんだから、注意してね」「先生は君たちに間違いを言ってくれるようになってほしい」という想いを伝えることが学級づくりの肝です。先生が笑顔を浮かべて一生懸命に取り組んでいる姿勢を見せれば、クラスは必ず変わります。

算数を楽しんでいる先生のクラスでは、子どもたちの多くは算数が好きです。なぜなら、自分のクラスの先生が一生懸命算数に取り組んでいるからです。ですから、大切なのは姿勢を見せることです。

二つ目は、常識を見直してみること。

日本中でよく目にする光景の一つに、紙に書かれた問題文を黒板に貼って問題を三回読む授業があります。若い先生方の中には、常識だと思われている方もいるのではないでしょうか。

ほかには、画用紙を三人に配ってそれぞれの考えを発表させる授業。しかし、その常識が本当にいいのかどうかは、一度疑ってみることが必要です。確かに、長所もあるのでしょうが、通り一遍でやり続けると今度は気付かないうちに欠点が出てきます。

ですから、「どうしてこのやり方を使っているのかな?」と常識の裏側を読む癖をつけるといいでしょう。

三つ目は、教師の役割を見直すこと。

「子どもに寄り添う」「子どもの視線に立つ」ことがよく言われますが、そればかりだと逆に授業が成立しなかったり、子どもが伸びないケースも出てきます。

先生から教える授業ばかりが目立っていたため、そういった提言が飛び交っていたのですが、今は逆に子どもの側に立ちすぎて、どこへ向かっているのかわからない授業も増えてきました。

授業をするには、やはり先生の目線も必要です。先生のビジョンに沿った子どもに育てたいのであれば、子どものレベルまで下りてしまうのではなく、先生の目線もきちんと保っておいた方がいいでしょう。

先生の役割は、ここで何を教えたいのかをはっきりさせることです。明確な価値観を伝え、いいものはいい、ダメなものはダメとはっきり伝えることが大事になってきます。

四つ目は、ねらいを明確にすること。

まずは学習のねらい、これを一言で言えるかどうかです。また、ねらいを仮に「理解を深める」としたとき、理解を深めるとは具体的にどういうことかについても自分で解釈しておかなくてはいけません。そして、理解を深めるときの子どもたちの姿を想像しておくことが必要です。その姿が出るような手立てを考えるのが、授業づくりです。

五つ目は、子どもの顔を思い浮かべながら教材研究すること。

若い先生たちと話していると、「今日、この問題でクラスがすごく盛り上がったんです」といったことを聞きます。そのときの先生の顔は本当に楽しそうで、見ていて私も顔が綻んでしまいます。

子どもたちが、教室で笑顔になっているのを想像するのは楽しいですし、実現できるともっと楽しい。きっと、教師冥利に尽きる瞬間の一つだと思います。ですから、教材研究するときは、子どもの顔を思い浮かべてやるといいのではないでしょうか。

六つ目は、子どもたちが伸びるような種をいつも撒いておくこと。

授業中、あるいはそれ以外の時間でも、子どもたちに先生の価値観の種を撒いておくのです。そうすれば、芽が出てきたときに褒めてあげると、子どもたちはどんどん伸びていきます。芽はすぐには出ないかもしれません、でも、ちょっとでも出てくれば、先生はそれを見逃さず褒めてあげます。

「消しゴムを使うようになったんだ。えらいね」

「すごい。友達の話をよく聞いている」

種を撒かなければ、子どもたちは伸びようがありません。ちょっとしたときでも、先生は「ここで子どもたちが伸びるような種を撒いておこう」という意識をもって接していれば、随分変わってきます。

七つ目は、遊び心・楽しむ心をもっていること。先生が算数をおもしろいと感じることが必要です。

しかし、想いすぎると逆に失敗してしまうこともあります。以前、私は「チェンジ」という研究テーマを受けて授業を行いました。チェンジというのは、「今の授業観を変えよう」とか「子どもを変えよう」といった意味が含まれていました。

私はとてもおもしろいテーマだと思い、張り切って自分がこれまでにやったことがないような教材をもってきました。

やってみると、最初の15分はとても楽しくできました。でも、そこからが大変でした。子どもが全然動いてくれなかったのです。なぜ、動かなかったのかを考えてみると、私が楽しいと思ったことが子どもにはうまく伝わらなかったからだと思います。教材を研究したとき、私はきまりを見つけるのに1時間近くかけました。きまりを見つけたときは興奮して、本当に楽しかったのですが、子どもたちが1時間の授業の中で見つけるには時間が足りません。

その結果、私が「きまりを見つけましょう」と言っても、十分な時間がないために子どもに動いてもらえなかったのです。

子どもたちに「きまりがある」ということだけを伝えるのではダメで、私がきまりを見つけるときに苦しんだ活動自体も伝える必要があったのではないか、と反省しています。

ただ先生が遊び心・楽しむ心をもつだけではなく、子どもたちにもそういった心をもたせるための工夫も考えないといけないのではないかと思っています。

「きっかけ」が教材を生む

私は授業とは、きっかけづくりだと思っています。

授業で何かおもしろいことをやると、子どもたちは興味を示して、そこから家で調べたり、実際にやってみたり、自分の考えでノートにメモしたりします。

ですから、私たちが授業で取り扱っているのは、本当は「きっかけ」なのではないかという気がします。

子どもたちにとっては、学校で学んだことがすべて大切だというわけではありません。また、学校で教えられることは、ほんの一部です。でも、私たちはできるだけ多くの「きっかけ」を彼らに与え、そのきっかけを自分で広げられるようになってほしいと想っています。

教材は、それらの「きっかけ」の一つです。

子どもたちが「おもしろい！」「解いてみたい！」と想い、さらに自分たちで広げられるように、先生方が研究に研究を重ね、つくり上げたものです。

子どもたちの笑顔がもっと増えるように、算数好きがもっと増えるように、という想いが込められた「きっかけ」が教材です。

教材づくりも同じです。

人間というのは不思議なもので、「何か言いたいことはありませんか？」と聞かれてもそうは出てきません。しかし、あるきっかけに刺激されると、自分のこれまでの経験と言いたいことが結びついてきます。

私の教材は、そういう「きっかけ」から生まれたものがほとんどです。子どもの一言やほかの先生の授業から、「こういうふうにしてみたらどうだろうか？」「自分だったら、こう変える」と考えているうちに、いつの間にか教材になっていたというのが、正直なところです。

皆さんも、「きっかけ」に出会ったら、それを追い求めてみることをオススメします。あるきっかけから教材が生まれ、授業がおもしろくなれば、それだけ子どもたちが幸せになります。

若い先生方は、できるだけ先輩に話を聞いたり、研究会に参加したりしてたくさんの

「きっかけ」を手に入れるといいでしょう。

本書では、私がこれまで経験してきたいくつかの「きっかけ」を述べたつもりです。このきっかけが、皆さんにとってお役に立てば、これほど嬉しいことはありません。

これからも皆さんと一緒に、たくさんの「きっかけ」に出会い、算数好きの子どもが増えるような教材をつくっていければと思っています。

授業づくりメモ

◎日常にも算数を取り入れて算数好きの子どもを増やす
◎計算問題もゲーム性をもたせて楽しく取り組ませる
◎身の回りの中の算数を探す
◎ゲーム感覚から算数本来のおもしろさへと導く
◎常識や教師の役割を見直してみる
◎子どもが伸びるような種をいつも撒いておく
◎遊び心・算数を楽しむ心をもつようにする
◎「きっかけ」を追究して、教材づくりに生かす

［付録］掲載教材の紹介

※本文で掲載した各教材の対象学年、ねらい、よさについて記しています。

不思議な計算	4年生	P16
ねらい	2位数×2位数の計算の習熟を図る活動を通し、積の数が綺麗に並ぶ美しさと、そのわけを筋道立てて考えていく楽しさを味わうことができる。	
教材のよさ	積に選んだ数字が3つ並ぶ、それだけで美しい。どんな計算ならば3つ並ぶのか、どうして3つ並ぶのかといった問いを自然に引き出すことができる。	

鏡に映すとどんな形になるかな?	6年生	P22
ねらい	鏡に映してできる形を考える活動を通し、線対称な形の理解を培うことができる。	
教材のよさ	#型に鏡を映した形をかくと、自然にかいた形を分類してみたくなる。その一連の活動を通して、対称性の素地を培うことができる。	

おもしろい計算1	4～6年生	P27
ねらい	記号に当てはまる数を見つける活動を通し、筋道立てて考える楽しさを味わうことができる。	
教材のよさ	記号に当てはまる数が順に1つずつ決まっていくおもしろさを感じ取ることができる。	

マッチ棒は何本必要かな?	4年生	P47
ねらい	立方体の数とマッチ棒の数の関係をとらえていく活動を通し、関数的な見方・考え方を育てていくことができる。	
教材のよさ	マッチ棒でつくる図形の数を変えたり、形を変えたりといった発展的な問題につくり変えていく楽しさを感じ取ることができる。	

1～4の数で式をつくろう	5年生	P75
ねらい	1～4の数カードと（+, −）の演算記号とでできる式の答えが偶数になるわけを、筋道立てて考えることができる。	
教材のよさ	数カードの数字、あるいは枚数を変えることにより、できる式の答えが偶数になったり奇数になったりするおもしろさを味わうことができる。	

50cmのテープの長さはどれくらい?	2年生	P84
ねらい	50㎝の長さのテープをつくる活動を通して、豊かな量感を育てることができる。	
教材のよさ	身近にある紙テープで、簡単に長さの量感を育てていくことができる。また、基準をもつ大切さを実感することができる。	

1人分のテープの長さは?	6年生	P93
ねらい	分数×整数の計算の仕方から類推して、分数÷整数の計算の仕方を考えることができる。	
教材のよさ	分数÷2のとき、分子が偶数のときは分子÷2で簡単に求められるが、奇数のときはどうしたらよいかと自然に考えを進めていくことができる。	

おまんじゅうを分けよう	3年生	P99
ねらい	おまんじゅうの並び方を考える活動を通して、かけ算の逆算としてのわり算の素地を培う。	
教材のよさ	12、24は約数が多く、いろいろなかけ算の組み合わせが考えられるので、わり算の素地と数の感覚をゲーム感覚で豊かにしていくことができる。	

2.5mのテープの値段は?	5年生	P108
ねらい	整数×整数の場面を基に、乗数が小数である場合の意味を理解することができる。	
教材のよさ	整数×小数の意味や計算の仕方を考える素地となる比例関係の意識づけや数直線図への橋渡しをスムーズに図ることができる。	

リレーの順番を決めよう	6年生	P123
ねらい	リレーの並び方を考える活動を通して、落ちや重なりがないように、順序よく調べていく態度を育てる。	
教材のよさ	落ちや重なりなく数える多様な方法を引き出し、算数のよさを味わうことができる。	

階段の上り方は何通りあるか調べよう	6年生	P127
ねらい	階段の上り方が何通りあるかを考える活動を通して、落ちや重なりがないように順序よく調べていく態度を育てる。	
教材のよさ	図や式などを用いて表す方法を工夫しながら、見えてきたきまり（フィボナッチ数）とそのわけを考えていくおもしろさを味わうことができる。	

黒と白の三角形はどちらが広いかな?	5年生	P135
ねらい	黒と白の面積の差を考える活動を通し、関数的な見方・考え方を育てる。	
教材のよさ	きまりを見つける楽しさ、きまりが成り立つわけを考える楽しさ、きまりを一般化する楽しさを味わうことができる。	

幅の面積を求めよう	5年生	P145
ねらい	求積公式を活用していろいろな図形の面積を求めることができる。	
教材のよさ	道の中心線×道幅でいろいろな図形の求積ができる楽しさを味わうことができる。	

おもしろい計算2	5・6年生	P152
ねらい	○と△に当てはまる数を求める活動を通して、問題解決する力を育てる。	
教材のよさ	多様な解き方、適度なハードルある問題で、考える楽しさを味わうことができる。	

ジャマイカを使った計算問題	4～6年生	P154
ねらい	数の見方、感覚を豊かにするとともに、楽しみながら計算の習熟を図ることができる。	
教材のよさ	ゲーム感覚で楽しみながら、数の見方、感覚を豊かにすることができる。また、計算を式表現する力も伸ばすことができる。	

数カードを使った2桁のひき算	2・3年生	P158
ねらい	2桁ー2桁の計算の習熟を楽しみながら図ることができる。	
教材のよさ	4つの数字で差が一番小さくなるような2桁ー2桁の計算をつくる活動は、数字を増やしたり、桁数を増やしたりすることで、よりバージョンアップすることができる。	

おわりに

「先生、おもしろかったです」

「続編は出ないのですか」

前書『算数のプロが教える授業づくりのコツ』をお読みになった皆さん方から、思わず嬉しくなる声を多数いただきました。

『算数のプロが教える授業づくりのコツ』は、その「おわりに」でも書きましたように、息子が教師になったときに、若い先生方に私の経験談を話す機会として月1回始めた「授業力向上講座」で話した内容に加除修正を加えたものでした。

お陰様で好評で、その続編とも言うべき本書『算数のプロが教える教材づくりのコツ』が出版できる運びとなりました。

息子も教師になって4年目。「授業力向上講座」も3年間続き、4年目となりました。

本書もこの「授業力向上講座」で話した内容がベースになっていますが、特に、教材づくりに焦点を当ててまとめてみました。もちろん、授業のつくり方や指導法についても述べています。日々の授業の参考にしていただけるものができたと思っています。

算数好きの子どもたちを増やす――。そのためには、まずは教材研究です。

教材について研究すればするほど、授業をおもしろくアレンジして楽しくすることができます。また、子どもたちの動きや考えていることもわかるようになり、子どもたちに応じた指導が的確にできるようになります。

しかし、一方で、わからない子どもたちやつまらなそうにしている子どもたちの姿も見えるようになってきます。すると、もっともっと授業力を高めていかなければという気持ちが生まれてきます。

本書を読まれた方が、明日の授業を思わずやりたくなってくだされば幸いです。

本書の執筆に当たって、東洋館出版社編集部の畑中潤氏には、企画の段階からご助言いただき、とても感謝しています。算数の授業が、もっともっと楽しく、魅力的になってもらえることを祈念して筆を置きます。

２０１１年６月　　細水　保宏

[著者略歴]
細水 保宏（ほそみず やすひろ）

1954年神奈川県生まれ。

横浜国立大学大学院数学教育研究科修了。横浜市立三ッ沢小学校教諭、横浜市立六浦小学校教諭を経て、現在、筑波大学附属小学校副校長。横浜国立大学教育人間科学部非常勤講師、日本数学教育学会常任理事、全国算数授業研究会理事、授業のネタ研究会常任理事、使える授業ベーシック研究会常任理事、新算数教育研究会幹事、ガウスの会代表、『算数授業研究』（東洋館出版社）編集委員、教科書「算数」（教育出版）著者。

著書に、『確かな学力をつける算数授業の創造』『確かな学力をつける板書とノートの活用』（明治図書出版）、『豊かな計算力を楽しく手に入れよう!算数的活動』『秘伝 細水保宏の算数教材研究ノート』（学事出版）、『考える楽しさを味わう』『頭スッキリ!算数脳トレーニング 赤版』『頭スッキリ!算数脳トレーニング 黒版』『算数のプロが教える授業づくりのコツ』『プレミアム講座ライブ 細水保宏の算数授業のつくり方』（東洋館出版社）、編著に、『ガウス先生の不思議な算数授業録』『マンガで読む ガウス先生のおもしろ算数授業』（東洋館出版社）など多数。

算数のプロが教える教材づくりのコツ

平成23年6月4日 初版第1刷

[著　者] 細水 保宏
[発行者] 錦織 与志二
[発行所] 株式会社東洋館出版社
〒113-0021　東京都文京区本駒込5-16-7
営業部 TEL　03-3823-9206
FAX　03-3823-9208
編集部 TEL　03-3823-9207
FAX　03-3823-9209
振替　00180-7-96823
URL　http://www.toyokan.co.jp
[印刷・製本] 藤原印刷株式会社
[装　幀] 水戸部 功

Printed in Japan　ISBN978-4-491-02688-6